Os filhos da lona preta

Identidade e cotidiano em acampamentos do MST

Os filhos da lona preta

Identidade e cotidiano em acampamentos do MST

Maria Cecília Manzoli Turatti

São Paulo, 2005

copyright © 2005 Maria Cecília Manzoli Turatti

Edição: Joana Monteleone / Haroldo Ceravolo Sereza
Capa: Clarissa Boraschi Maria
Foto da capa: Maria Cecília Manzoli Turatti
Copydesk: Nelson Luís Barbosa
Revisão: Alexandra Colontini
Projeto gráfico e diagramação: Clarissa Boraschi Maria

Dados Internacionais de Catalogação na Publicação (CIP)
(Câmara Brasileira do Livro, SP, Brasil)

Turatti, Maria Cecília Manzoli
   Os filhos da lona preta: identidade e cotidiano em acampamentos do MST/ Maria Cecília Manzoli Turatti. – São Paulo: Alameda, 2005.

   Bibliografia.
   ISBN 85- 98325-20-1

   1. Acampamentos 2. Antropologia cultural 3. Etnologia 4. Movimento dos Trabalhadores Rurais Sem-Terra – Aspectos sociais 5. Movimentos sociais – Brasil 6. Posse da terra – Brasil I. Título.

05-7449   CDD- 305.56330981

Índice para catálogo sistemático:
1. Brasil: Acampamentos: Movimento dos Trabalhadores Rurais Sem-Terra: Antropologia cultural: Sociologia 305.56330981
2. Movimento dos Trabalhadores Rurais Sem-Terra: Acampamentos: Brasil: Antropologia cultural: Sociologia 305.56330981

[2005]
Todos os direitos desta edição reservados à

ALAMEDA CASA EDITORIAL
Rua Ministro Ferreira Alves, 108 - Perdizes
CEP 05009-060 - São Paulo - SP
Tel. (11) 3862-0850
www.alamedaeditorial.com.br

ÍNDICE

APRESENTAÇÃO	07
INTRODUÇÃO	09

ESCOLHAS

Por que o acampamento?	15
A chegada do pesquisador e seus dilemas	22
O espaço-tempo da pesquisa	25
Matrizes teóricas e técnicas	28

ETNOGRAFIA

O acampamento Zumbi II	35
Aspectos gerais dos acampamentos paulistas	52

ESTUDO ANTROPOLÓGICO

Um momento de passagem	69
Um processo histórico em curso	76
O movimento: formas de organização e convicções políticas manifestas	84
Hierarquia, poder e submissão	87
A sociabilidade forçada	93
A mística como "cimento" ideológico	104
Conflitos internos e tarefa histórica	111
REFERÊNCIAS BIBLIOGRÁFICAS	115

Apresentação

No rol dos estudos relativos ao universo agrário brasileiro predominam as investigações levadas a cabo por economistas, agrônomos, sociólogos, geógrafos e historiadores, situando-se em plano secundário os trabalhos dos antropólogos. Estes, mais afeitos aos grupos sociais de reduzida escala e culturalmente diferenciados, são responsáveis, contudo, por contribuições primorosas sobre o cenário rural, sem as quais os macro-processos desvelados pelos demais especialistas permaneceriam desprovidos das tramas de significados em que se movem os entes humanos.

O livro de Maria Cecília Turatti, *Os filhos da lona preta*, inscreve-se nessa tradicional linhagem de trabalhos antropológicos justamente por se ocupar do estudo de agrupamentos provisórios – os *acampamentos* do MST–, tema rarefeito na bibliografia hegemônica, sempre mais seduzida pelos *assentamentos* rurais e suas modalidades cristalizadas de sociabilidade. Fiel a uma das lições primeiras da antropologia – a de não subestimar as situações rotuladas de efêmeras, pois suscitam elas a emergência de um repertório básico de soluções para o convívio humano –, a autora traça um nítido perfil desses acampamentos do MST, analisando o modo como se estruturam e decifrando a teia de relações – notadamente as políticas – que lhes confere feições peculiares.

Os acampamentos investigados assumem o estatuto de entidades liminares. Nessa medida, configuram-se como "antiestrutura", e a autora, à luz dessa adequada compreensão, aponta argutamente as suas principais características, sobretudo as que se põem em tenso antagonismo, entre as quais figuram em destaque a solidariedade e a competição, o individualismo e a cooperação, a harmonia e o conflito. São homens, mulheres e crianças marginalizados (na maior parte das vezes, literal e precariamente arranchados às margens de rodovias), impossibilitados de produzir regularmente os seus meios de vida ou de vender sua força de trabalho. Aguardam, ansiosos, o dia em que serão assentados nalguma gleba de terra em que possam pôr em prática os preceitos da agricultura familiar. Até lá, entretanto, integram um agrupamento "de espera", organizado segundo a "mística", as regras e os agentes do MST.

A expansão ampliada do agronegócio, nos termos em que vem sendo conduzida, exige redobrado empenho dos movimentos sociais devotados à causa da reforma agrária. O assentamento dos sem-terra, efetuado em ritmo lento e inadequado para oferecer acolhimento às milhares de famílias que almejam se estabelecer em glebas devolutas ou improdutivas, avança a passos bem mais curtos do que o esperado, provocando perplexidade entre os que depositavam esperanças na atuação política do PT. Tal contexto potencializa o agravamento dos embates travados no campo, donde a cobertura crescente, na mídia, tanto das ações empreendidas pelo MST quanto das reações dos que têm suas terras ocupadas.

Nesta conjuntura *Os filhos da lona preta* adquire renovada atualidade, de vez que os provisórios e precários acampamentos dos sem-terra devem perdurar por mais tempo que o esperado e o desejado. Compreendê-los anuncia-se, pois, como imperiosa tarefa, e em larga medida realizada com inteiro êxito pela autora, cujas contribuições sistematizadas neste livro proporcionam ao leitor o requinte interpretativo tão caro aos antropólogos.

Renato da Silva Queiroz

Introdução

*Filhos da lona preta
da tua luta jamais cansa
enfrentastes fortes ventos
que rasgaram suas barracas
mas não cegou tuas andanças*

Fragmento de poema escrito
pela acampada Dirce, 1995

Com a simplicidade e os equívocos gramaticais típicos daqueles que foram defenestrados pelo "desenvolvimento", pela "modernidade", a poeta Dirce, acampada no Estado do Rio Grande do Sul, exprime a condição precária, vulnerável e itinerante de um acampamento. Descrever e analisar a realidade material e a produção simbólica dos "filhos da lona preta" em toda a sua complexidade e variabilidade de elementos é tarefa difícil, passível de complementações e aprimoramentos constantes.

O que se pretende neste livro – originariamente uma dissertação de mestrado em Antropologia Social, defendida em 1999, na Universidade de São Paulo – é apresentar ao leitor um quadro etnográfico e interpretativo dos acampamentos promovidos pelo Movimento dos Trabalhadores Rurais Sem-Terra (MST) no Estado de São Paulo, considerando como foco central as relações de poder e sociabilidade que se estabelecem entre os acampados e entre estes e a instituição MST.

No processo de revisão para publicação, procurei atualizar os dados que se referiam a concentração fundiária, taxas de desemprego e à situação do principal grupo de acampados por mim estudado. Em alguns casos, a empreitada foi bem-sucedida; em outros, descobri que os dados com os quais trabalhei ainda são referência, visto não terem sido atualizados pelos órgãos competentes (caso da *Pesquisa de Condições de Vida*, da Fundação Seade, e do *Atlas Fundiário*, do Incra).

Na tentativa de minimizar as feições acadêmicas do texto, optei por dividi-lo em três capítulos, seguindo uma ordem lógica que possibilite ao leitor compreender, sucessivamente, a razão de ser e os procedimentos da pesquisa, como são os acampamentos e, enfim, como a análise antropológica dos elementos de coesão e de conflito nos permite estabelecer um elo paradoxal entre a fragilidade inerente a esse tipo de organismo social – o acampamento – e a sua força histórica na luta pela democratização do acesso à terra no Brasil.

No primeiro capítulo, apresento os motivos que me levaram a escolher os acampamentos como foco de investigação, os problemas decorrentes da interação entre pesquisador e movimentos sociais organizados, a duração da pesquisa e os locais em que ela se desenvolveu, e, finalmente, as escolhas metodológicas, no seu aspecto tanto teórico quanto técnico.

No segundo, os relatos etnográficos acompanhados de documentação iconográfica revelam traços de acampamentos e acampados, expondo as condições materiais precárias sob a lona preta, o otimismo e o temor dos que acabaram de ingressar no movimento, alguns conflitos emblemáticos – embora aparentemente anedóticos – e as instituições e práticas que garantem a funcionalidade do acampamento.

Finalmente, no terceiro, o acampamento é visto em sua dimensão transitória, como fenômeno liminar, mas também como resultado de um processo histórico que justifica a sua existência e o impele para um futuro no qual, transformado em assentamento, alcance uma definição social positiva. O interesse se desloca, então, para o meio do caminho: no presente, as relações sociais travadas no acampamento carregam o traço da miséria e desdobram-se em conflitos. A politização dos acampados, expressa no estabelecimento de uma ideologia e de regras rígidas que os instiguem a relevar as duras condições em que vivem, surge como possível solução, mas, contraditoriamente, vem impregnada, ela também, de potencial conflitivo.

O resultado final deste trabalho gerou, certamente, muitas indagações e poucas respostas, mas cumpriu o seu papel ao valer-se do estranhamento como instrumento de crítica, tentando enxergar no mundo do "outro" aspectos problemáticos que já se naturalizaram, que não são mais questionados. Essa é a contribuição que espero ter dado para a luta dos valorosos filhos da lona preta.

Agradeço aos sem-terra que conheci a cooperação na pesquisa. Ao meu orientador e amigo, Renato da Silva Queiroz, e à minha família, amigos e ao Tiago, o apoio que me deram. À Fapesp, pelo auxílio à publicação.

Escolhas

Por que o acampamento?

Nosso trabalho apresenta uma leitura do Movimento dos Trabalhadores Rurais Sem-Terra (MST) a partir de questões que, aparentemente, não se configuram como imediatamente importantes, se confrontadas com temas como a urgência de formulação de políticas públicas para o meio rural, a necessidade de compreensão das transformações econômicas ocorridas no processo de produção agrícola ou a análise do papel que um movimento popular intensamente organizado e atuante, tal qual o MST, cumpre no cenário político atual.

Não obstante o MST seja um fenômeno relativamente novo – foi fundado em 1984-1985 e alcançou o *status* de movimento nacional influente com destaque nos principais veículos de mídia somente a partir de 1993 –, há questões de relevância científica para o campo das ciências humanas que já foram ou vêm sendo tratadas de maneira satisfatória por estudiosos de diversas áreas. Os projetos de educação, de desenvolvimento sustentável dos assentamentos rurais, de preservação ecológica das glebas adquiridas levados a cabo pelo MST, além dos conflitos surgidos no âmbito do enfrentamento institucional – MST *versus* Estado – ou privado – MST *versus* Latifúndio – têm recebido um tratamento apurado de geógrafos, pedagogos, economistas, ecólogos e cientistas sociais.

Em relação à antropologia, especificamente, questões referentes à religiosidade e à formação da identidade grupal, utilizadas para lançar luz a uma discussão comparativa ante os padrões estabelecidos para designar o chamado "campesinato tradicional", em busca de permanências e rupturas, bem como as conseqüências para a organização do movimento surgidas em decorrência dessas duas variáveis, têm conformado a temática básica de investigação acerca do MST. De fato, tais temas trazem à tona aspectos caros à referida disciplina cuja imprescindibilidade de análise, relacionada a um movimento recentemente constituído e carente de formulações dessa ordem, não necessita de muitas justificativas para além de seu fim propriamente científico.

As pesquisas sobre o MST, todavia, têm se concentrado sobretudo na análise de um *locus* específico, qual seja, os assentamentos rurais sob coordenação do movimento. Tal preferência pode ser entendida se tomarmos como ponto central de análise o fato de que um assentamento é um *organismo social fixo*, isto é, possui território definido,[1] organização político-social estruturada e, principalmente, dispõe de uma realidade produtiva, o que o torna, de fato, um tipo peculiar de unidade social integrada ao meio rural brasileiro.

Assim sendo, o assentamento rural possibilita estudos que, além do histórico de sua formação, bem como as relações sociais engendradas nessa forma de organização social no campo podem captar diretamente o impacto político-econômico da reforma agrária, seja em âmbito regional seja em sua significação nacional.

Nessa dupla via de interpretação, podemos vislumbrar problemáticas de interesse socioeconômico das mais distintas ordens. Em um aspecto mais particularizado, referente a análises das formas de produção, constituem elementos importantes para a investigação:

1) formas de divisão da gleba adquirida, ou seja, a observância dos critérios do Incra ou a substituição extra-oficial destes por preceitos internos adotados pelo próprio MST para a fixação do grupo na terra;

---

[1] "O assentamento é o território conquistado [que] representa sobretudo a possibilidade da territorialização" (ver Fernandes, 1994, p.181).

2) o regime jurídico imposto sobre a posse e a propriedade da terra, mormente no que diz respeito à predominância do direito individual sobre o coletivo ou o seu contrário, e as conseqüentes implicações sobre as formas organizacionais e produtivas então estabelecidas;

3) a implantação de um sistema cooperativo no processo de produção e as numerosas formas das quais ele pode se revestir, bem como os impasses que porventura possam emergir desse empreendimento,

4) a pequena propriedade familiar e sua capacidade satisfatória de sobrevivência econômica;

5) vias de acesso ao crédito agrícola: exigências dos órgãos financiadores e limitações do cumprimento destes por parte dos assentados e as possibilidades de auto-sustentação dos assentamentos.

Embora fosse possível acrescer outros inúmeros pontos a essa modesta listagem[2] – um em especial, sob pena de cometer uma injustiça caso não o enumerasse, é o fato de que, em geral, os pesquisadores de assentamentos também se preocupam com a dimensão sociocultural da temática abordada –, é imprescindível finalizá-la de outra forma, isto é, tratando do principal fator condicionante da primazia pelo estudo dos assentamentos: a dimensão político-econômica.

Em primeiro lugar, os assentamentos representam um termômetro do crescimento vitorioso do MST. Não basta espalhar milhares de famílias pelo país inteiro, sob lonas e bandeiras, sem atingir o objetivo final: trabalhar a terra, produzir. Pois é

---

[2] Os temas aqui elencados como "justificadores" da importância primacial do estudo de assentamentos rurais foram escolhidos por mim, valendo-me, para tanto, de critérios retirados da minha própria experiência junto ao MST, da bibliografia sobre assentamentos a que tive acesso e, também, das discussões que pude acompanhar nos encontros da Associação Nacional de Pós-graduação e Pesquisa em Ciências Sociais (Anpocs). Logicamente, a pontualidade da qual revesti os objetos de pesquisa aqui expostos não se verifica na realidade. Ao contrário, há uma vasta gama de desdobramentos, muitos dos quais polêmicos e complexos, envolvendo cada um deles.

justamente na experiência da produção que se encontra a munição técnica para "atacar" ou "defender" o MST, ou, numa postura mais "sobre o muro" – tão cara à apregoada "neutralidade científica" – simplesmente analisar a questão agrária sob as bases racionalistas da economia agrícola.[3]

Fragmentos da introdução de *Assentamentos rurais: uma visão multidisciplinar* (Medeiros et al., 1994, p.12)[4] apresentam resumidamente a importância do estudo dos assentamentos:

> Pensar a reforma agrária através das múltiplas dimensões das experiências existentes significa descortinar possibilidades de repensar a questão agrária (...) considerando projetos em andamento, forças concretas em disputa e toda a gama de relações intervenientes no processo (...). São colocados no centro da discussão as características e impasses da chamada "pequena produção" ou "produção familiar" no interior de um modelo de desenvolvimento fundado na opção política de apoio à grande produção empresarial (...). Impõe-se também uma discussão sobre o papel desempenhado pelas diferentes instâncias do Estado, de acordo com a sua capacidade de produzir o reconhecimento

---

[3] Muitos economistas são contrários à Reforma Agrária por considerarem-na contraproducente diante da lógica de modernização das relações de produção no campo (ver Castro, 1982, principalmente o capítulo IV). Mesmo no "campo progressista", há quem negue a necessidade econômico-produtiva da Reforma Agrária, defendendo-a com argumentos morais, pelo ângulo de uma política compensatória, como José Graziano da Silva (1996, p.9): "Nossa reforma agrária não precisa ter mais um caráter estritamente agrícola, dado que os problemas fundamentais de produção e preço podem ser resolvidos por nossos complexos agroindustriais".

[4] a) Neste livro, que reúne textos de diversos pesquisadores, pode-se constatar a tarefa bem intencionada e séria de pessoas que demonstram seu comprometimento com a defesa da Reforma Agrária.

b) Outra passagem da Introdução de Assentamentos rurais... (1994, p.12-13) merece destaque, ao explicitar seu objetivo de uma visão plural do assunto: "Alcançar essa meta implica pensar os agrupamentos, arranjos e conflitos que emergem nesses espaços, as relações entre eles e as diversas instâncias de mediação, estatais inclusive, nas suas dimensões não apenas políticas ou econômicas, mas socioculturais, permeadas por relações de parentesco, étnicas, de gênero, de compadrio, de vizinhança".

dos conflitos, gerar políticas seletivas em relação a eles, enquadrá-los em projetos mais abrangentes e/ou atuar no sentido de redirecionar políticas globais, de forma a alterar o atual modelo.

Em meio a toda essa ênfase no estudo dos assentamentos, pouco se fala sobre uma etapa fundamental da luta pela terra tal qual o MST a operacionaliza: os acampamentos. Neles, um novo processo de construção de sociabilidade se inicia. É o momento-chave da passagem para a condição de *ser sem-terra*, para um estilo de vida coletivo que engendra solidariedade e conflito ao mesmo tempo.

Se, por um lado, o MST cresce em número de adeptos a cada dia, pois homens e mulheres são empurrados pelo desemprego rural e urbano para uma nova aposta de atingir condições de produzir e reproduzir material e socialmente a sua existência, por outro, temos a realidade árdua da vida em um acampamento. Em condições precárias, em meio a um ambiente estranho, sob ordens de lideranças arbitrariamente impostas pelo MST, as famílias de sem-terra enfrentam a itinerância das ocupações e despejos, esperando o momento da fixação definitiva na terra que lhes garantirá a vida.[5]

Por carregar essa condição de transitoriedade, lançado na indefinição, o acampamento apresenta características muito peculiares de estabelecimento e existência. A flexibilidade de ocupação de espaços territoriais, a convivência de pessoas que não compartilham nenhum vínculo pregresso de memória, tradição ou sociabilidade, o ócio, apenas rompido pelas tarefas cumpridas na organização do acampamento ou na realização de tarefas domésticas básicas, são algumas das situações

---

[5] Segundo a definição de Eliane S. Rapchan (1993, p.30): "Para o MST, o acampamento é a situação transitória, emergencial do grupo e implica ações de arrecadação de alimentos, roupas, ajuda financeira e remédios, busca de apoio logístico e político, mobilização da imprensa e da opinião pública, negociação com o Estado e com outros interessados com vistas a atingir o assentamento. Este, condição mais estável tanto política e econômica, quanto juridicamente".

inscritas na realidade de um acampamento e que, sem dúvida, concedem-lhe uma atipicidade ante as formações sociais tradicionais do meio rural brasileiro.

Tal condição justifica, ambiguamente, tanto o aparente desinteresse pelo estudo do acampamento quanto sua riqueza de aspectos carentes de análise. No primeiro caso, ele é visto, então, como uma "fase" periférica do processo de luta pela terra, no qual os embates com o poder público são restritos aos pedidos de desapropriação da gleba ocupada em choque com as liminares de reintegração de posse; os desafios de "viabilidade econômica" do grupo nem mesmo estão postos, já que a terra ainda não foi definitivamente adquirida; assim sendo, a única questão concernente aos acampamentos que merece destaque na leitura dos estudiosos do MST é sua função de explicitar publicamente a existência e a resistência ativas do movimento.

Por outro caminho, porém, é mister vislumbrar no acampamento os preâmbulos de um novo tipo de organização social, revestida mais de ausências que de elementos de identificação positiva, portadora de uma fragilidade coesiva suscetível de uma gama variada de conflitos, dos quais o MST se encarrega de administrar politicamente. O trabalho de gestação de uma coletividade, a preparação de um grupo social que é, ao mesmo tempo, sujeito e objeto político, as ideologias e as práticas levadas a cabo por líderes e liderados no seio de um movimento popular que se pretende mais do que ser apenas um aglomerado de despossuídos em busca de um "cantinho de chão" – tais são as matrizes de investigação que emergem dos acampamentos, cuja importância parece ter sido relegada a segundo plano não só pelos pesquisadores, mas pelo próprio MST. Resgatá-las, ainda que de maneira modesta e incipiente, é o que se pretende aqui neste estudo.

A tarefa que se impõe, ou seja, uma etnografia dos acampamentos e a posterior análise dos elementos geradores de conflitos e de coesão, esbarra em discussões mais profundas.

Há que se entender, primeiramente, o processo histórico que gera a categoria de sujeito social idealmente propenso a fazer parte do MST, bem como a gênese da formação do próprio MST. No mesmo esteio, a idéia da re-significação da tradição camponesa está balizada pela ideologia de pertencimento propagada pelo MST, a *mística*, fundamentada numa mescla de princípios políticos e crenças religiosas, e que nos permite investigar as sobreposições entre necessidade material e adesão simbólica na reflexão sobre as motivações para ser e continuar sendo sem-terra.

De fato, conhecer e entender o MST é um desafio para múltiplos olhares. Não há um recorte que permita uma investigação restritiva, não há elementos que se expliquem por si só. Nesse sentido, ainda que se esteja apresentando aqui uma análise da sociabilidade em acampamentos do MST como o foco central de pesquisa, não há como descartar, sob pena de incorrer em erros grosseiros que privilegiem uma mutilação da realidade, a existência de um complexo de referências simbólicas e práticas historicamente construído no bojo da formação e consolidação do MST como movimento social constituinte de uma teia de significados a serem desvendados de maneira inter-relacional. Só há possibilidade de compreensão de um aspecto – nesse caso, o acampamento – se conseguimos relacioná-lo a uma constelação de outros aspectos, na tentativa de reconstruir, ainda que parcialmente, uma totalidade que nos permita apreender alguns princípios gerais do *ethos* e da práxis do MST, contribuindo assim para um possível estudo mais abrangente sobre movimentos sociais no Brasil.

A chegada do pesquisador e seus dilemas

Como costumam dizer os estudiosos e seguidores de Franz Boas, a pesquisa de campo é o "batismo" do antropólogo. Trata-se do momento privilegiado em que – sintamo-nos um "estranho perplexo e maravilhado", como Bronislaw Malinowski diante dos trobriandeses, ou um "neonativo compreensivo", como gostam Clifford Geertz e outros interpretativistas – podemos adentrar no complexo rol de miudezas privadas e manifestações públicas que compõe o todo social ativador de nossa "imaginação sociológica".

É sobre esse "todo" – ao mesmo tempo assustador e fascinante, posto que novo e muitas vezes absolutamente diverso de nossas aferições inicias e idealizações teóricas – que o pesquisador de campo se empenha em descobrir relações, padrões, estruturas, desvios, normas, discursos, práticas; isto é, seja como for e quais nomes possamos adotar, o que motiva o pesquisador, para além da etnografia, é a necessidade analítica de desvendar as lógicas de pensamento e ação às quais estão dispostos os membros do grupo social investigado.

Pesquisar em campo exige uma série de preparativos que incluem, primordialmente, que o antropólogo esteja imbuído de uma capacidade subjetiva de saber se aproveitar das oportunidades certas e posicionar-se de maneira a levantar informações com confiabilidade. Mais ou menos como um "jogo de cintura" específico para integrar-se a um grupo, mantendo alerta a necessidade de separar discursos e práticas, o observado do falado. E, se o grupo estudado é um movimento político, haja jogo de cintura...

Certamente, toda relação pesquisador-pesquisado implica situações conflitivas, pelo seu próprio caráter invasivo. O "estranho bisbilhoteiro" merece desconfiança, pois seu propósito parece pouco recompensador: produzir conhecimento a respeito do objeto estudado. "O que isso significa para nós?", pode perguntar-se o "objeto". As respostas vão variar intensamente, dependendo do grau de compreensão e das necessidades dos pesquisados, bem como da habilidade do pesquisador em se fazer importante.

No caso de um *movimento reivindicatório*, tenha ele uma feição político-sindical ou apenas uma identidade étnica que lhe confira o *status* de "minoria", o pesquisador de campo necessita impreterivelmente de uma porta de entrada que facilite a criação de uma relação de confiança com o grupo social que se pretende estudar. Todavia, mesmo devidamente "apresentado", a "porta" em questão pode, ela também, transformar-se em um empecilho à aceitação total do pesquisador.

Por exemplo: se o agente mediador da relação pesquisador-grupo é um partido político ou um funcionário do Estado, sempre há o risco de ser considerado "aliado do inimigo", "oportunista" ou, até, um "perigo" para a coesão grupal. Imaginemos o que pode pensar um chefe indígena que anda às turras com a Funai, ao conhecer um antropólogo por intermédio de um funcionário da tal entidade...

No meu caso, minha relação com o MST estabeleceu-se por meio de atividades de apoio realizadas pelo Movimento Estudantil da USP, do qual eu fazia parte. Na maioria das vezes em que visitei um acampamento pela primeira vez, cheguei "escoltada" por dirigentes nacionais ou estaduais do MST, que desciam do meu carro, riam comigo... eram meus *amigos*. Ingenuamente, cria ser essa a melhor credencial para fincar bases de confiança junto ao grupo. E, de fato, o respeito conferido à direção me era tangencialmente repassado, "grudava como carrapato".

Essa ligação com o poder interno concedia-me facilidades de acesso aos locais de pesquisa, às pessoas, aos documentos, mas impedia-me de "segregar" com a base. Como poderia eu, então, avançar no meu objetivo, ou seja, estudar a relação líderes-liderados, se os últimos temiam tecer críticas aos primeiros diante de mim? Por mais apelativo que isso possa parecer, a equação se resolveu em virtude de uma segunda imagem que me foi atribuída pelo grupo. Além de "amiga dos chefes", eu também surgia como uma espécie de "moça boazinha", por conta dos mantimentos, roupas e remédios arrecadados via movimento estudantil ou por doações de amigos, que eram por mim – dentre outras pessoas, às vezes – entregues ao grupo. Mas essa aura benemérita desdobra-se em outro problema, perfeitamente resumido na lógica popular do "quem dá a mão, perde o braço". Sem perceber, começamos a imergir numa certa "máfia" de informações. Quanto mais donativos, mais dados recolhidos.

Incidentes "menores" à parte, a questão mais tortuosa é sempre aquela que diz respeito à relação do pesquisador com o "chefe" local. Ainda que desfrutemos de uma posição privilegiada junto ao "manda-chuva", não podemos nos esquecer de que é justamente este quem mais vigia nossas ações, o que "confia desconfiando". Então, recapitulando, tinha eu uma relação conflitiva com a base porque me viam como assecla da liderança; mas, gozava de respeitabilidade junto à liderança e à base porque portava-me como "filantropa", política e materialmente, auxiliando o MST. Mas, ainda falta o principal: como, à época dos primeiros contatos com os acampamentos, era eu militante de um partido político apoiador do MST mas discordante do partido ao qual se filia, majoritariamente, a direção do movimento, meu *status* de pesquisadora permaneceu obnubilado pelo de militante "politiqueira". Assim, os temores são redobrados: ela quer pesquisar ou engrossar as fileiras do seu partido? Estaria ela disseminando a discórdia entre o grupo para gerar uma dissidência capitaneada pelo seu partido?

E quando o rio deságua nas veredas do poder, como apaziguar os devaneios que surgem quase como extensão natural, como quintessência da doença imaginária chamada conspiração? Minha pesquisa encerrou-se – prematura ainda! – por obra e graça dos mal-entendidos insolúveis gerados pela desconfiança. Tivesse eu mais tempo, mais força para tentar resolver algo que é bem mais complexo que substituir uma peça de um gerador de partículas monitorado por computador.

Trabalhar com todas essas barreiras e administrar as diversas imagens que despertei em minha relação com o MST foi tarefa inglória e – deixando no olvido a pneumonia, os piolhos, a sarna –, ao mesmo tempo, absolutamente gratificante, pelo que me ensinou sobre os outros e sobre mim mesma.

Nós, os antropólogos, somos gente estranha, mas corajosa; um pouco masoquistas diriam alguns, porque nosso trabalho é um sacrifício ritual contínuo. Lidamos com as intempéries, não só as geoclimáticas, mas as humanas. E estas são quase tão difíceis ou mesmo impossíveis de enfrentar quanto aquelas.

O espaço-tempo da pesquisa

No início da pesquisa, a proposta de trabalhar em acampamentos conduziu-me à opção por um estudo de caso; ou seja, a pretensão era acompanhar um único grupo de trabalhadores sem-terra acampados, principalmente em virtude da necessidade de realizar uma etnografia detalhada dessa situação liminar do processo de luta pela terra.

Isso foi feito no período de novembro de 1995 a março de 1997, quando acompanhei com freqüência o cotidiano dos acampados no município de Iaras (SP). Todavia, tive que abandonar o trabalho com esse grupo em decorrência de um malentendido que resultou numa certa desavença com o líder do acampamento em questão.

Diante desse contratempo, e considerando que a minha intenção de pesquisa necessitava justamente de uma amostragem maior de dados, no sentido de desvendar as diferenças e as simi-litudes sociais presente nas origens desse estrato social que compõe a base do MST, julguei ser uma boa opção trabalhar com informações provenientes de mais de um acampamento.

Além disso, se estou pressupondo que os sem-terra do Estado de São Paulo apresentam uma particularidade que é a passagem por uma experiência urbana em suas trajetórias, creio ter sido relevante trabalhar em municípios circunvizinhados por grandes e médias cidades, últimas residências dessas famílias ingressas no MST.

Assim sendo, tomei como centro de construção das minhas análises o trabalho de campo mais extenso e aprofundado; ou seja, aquele realizado no acampamento de Iaras, e optei por enriquecê-las com dados obtidos em experiências de campo mais curtas, levadas a cabo entre os anos de 1994 e 1998, em acampamentos nos município de Getulina (1994), Rancharia (1995), Teodoro Sampaio e Sandovalina[6] (1995), Pindamonhangaba (1998) e Moji-Mirim (1998).

Trabalhar em uma pesquisa de campo em acampamentos apresenta um inconveniente temporal representado pela velocidade das transformações. É absolutamente comum voltar a um mesmo acampamento após um intervalo de um mês, por exemplo, e não mais encontrá-lo. As mudanças de localização, bem como as freqüentes debandadas de grupos acampados às vezes interpõem-se como obstáculos no acompanhamento de uma situação de conflito interno ou mesmo da coleta de dados sobre a história de vida de um ou outro informante privilegiado. Também a etnografia é prejudicada, na medida em que as disposições de círculos de vizinhança e a localização de bens comuns – varais, poços artesianos, fossas, almoxarifado – podem ser constantemente alteradas.

---

[6] Os municípios de Teodoro Sampaio e Sandovalina situam-se na região do Pontal do Paranapanema, "centro estratégico" e palco midiático do MST no Estado de São Paulo. Além disso, é importante ressaltar que nessa região configura-se uma realidade atípica e complexa, qual seja, a existência de assentamentos e acampamentos vizinhos, compondo o que podemos chamar de um pólo total das experiências de luta e conquista do MST.

Isso posto, é preciso manter uma certa flexibilidade nas análises, pois não se trata do estudo de um grupo social tradicional detentor de rigidez de posições no espaço-tempo. Não obstante, esse elemento dinâmico não é de todo negativo, visto que lança à luz mais um reforço para que constatemos a presença de uma sociabilidade frágil e superficial dentro desse grupo social, embasada pela própria falta de intimidade com o espaço social incerto.

Nesse contexto, foi importante ter realizado viagens de campo nas quais o tempo de permanência nos locais estudados foi variável. Em Iaras, houve estadas de quase um mês, outras de cinco ou seis dias, e também passagens "relâmpago", apenas para checar o desdobramento de alguma questão ou avaliar com regularidade a situação geral do acampamento.

Nos outros acampamentos, as estadas variavam de uma semana a um ou dois dias, e, embora houvesse uma limitação temporal para um conhecimento apurado desses agrupamentos, pude coletar experiências mais detalhadas de situações restritas a uma referência específica, como a história de vida da família que me abrigava em sua casa, sua visão do acampamento e do MST, ou a preparação e realização de festejos comemorativos pelo aniversário de um assentamento na região do Pontal do Paranapanema, e ainda a maior proximidade com crianças que, menos ressabiadas e mais deslumbradas, facilmente se abrem com o "estranho" pesquisador. Também o fato de que nas viagens de menor duração constatam-se transformações "do dia para a noite" nos acampamentos, o que corrobora a assertiva da velocidade das mudanças e da ameaça do incerto que compõe a realidade de um acampamento.

Matrizes teóricas e técnicas

Embora possa parecer, à primeira vista, que o objetivo deste estudo esteja totalmente imerso no campo da história social, visto que se trata de tentar desvendar os meandros de um fenômeno social eminentemente novo e marcante no cenário nacional, as pretensões diretas do trabalho são muito mais modestas. As idéias centrais vão ao encontro exatamente de dois momentos distintos de pesquisa, que se completam no momento da análise e configuração dos problemas propostos. Inicialmente, visando reconstruir um processo histórico mais abrangente, necessário para que se entenda a gênese da categoria *sem-terra*, é preciso recorrer às inúmeras fontes tanto da sociologia quanto da antropologia rurais. Posteriormente, a etnografia do acampamento, responsável por aclarar as contingências de uma vida forçosamente comum a que são levados os ingressantes no movimento e prover a pesquisa de seus elementos mais consistentes — quais sejam, as condições observáveis de vida precária a que estão rendidos estes acampados — é construída a partir do trabalho de campo.

Dessas duas empresas sai a análise sobre a sociabilidade forçada, cuja base de discussão se pauta principalmente por obras que tematizam questões definidamente antropológicas e pelas que remetem especificamente a um contexto rural, privilegiando sobretudo os estudos de comunidade. Isso explica por que não podemos falar, no caso de um acampamento sem-terra, sobre um conceito de sociabilidade forjado pela sociologia clássica por meio da reflexão sobre a sociedade industrial e as grandes metrópoles. Como os trabalhos sobre sociabilidade são, na sua maioria, sob meu juízo, voltados exclusivamente para o estudo de relações modernas de interação social condizentes ao espaço urbano, talvez haja uma carência de diálogo conceitual sobre o elemento-chave da pesquisa.

Assim sendo, toda a discussão de caráter teórico se fará de maneira a contemplar os apontamentos etnográficos, sem, no entanto, restringir-se a um único conceito teórico definitivo. A única matriz a ser sempre considerada é o processo dialético que contrapõe movimentos macro e microssociais, também por meio da contradição entre o pensado (esperado, em termos de subjetivação do vir-a-ser) e o vivido (a realidade concreta imposta pela posição social do indivíduo no sistema). Tal como diz Cândido Grzybowski (1991, p.13-4), tratando do processo de investigação dos movimentos sociais:

> O impacto das lutas é tão forte que exige o resgate de um enfoque em que os movimentos sociais são vistos no interior de contradições de classe, à luz das relações de força entre as classes sociais (...). Eles [os movimentos] são vistos, assim, a partir da relação dialética, do conflitivo, da luta, entre classes, frações de classe e o Estado, não somente como uma relação '"para fora", mas como relação definidora de sua interioridade, de sua especificidade (...). O enfoque adotado permite conceber os próprios movimentos como expressão contraditória das relações e condições econômicas, políticas e culturais que os engendram. Numa formulação emprestada a Gramsci, os movimentos sociais aparecem como "blocos históricos", como *síntese dialética de elementos objetivos e subjetivos,* de conteúdo e forma. [grifo nosso]

No campo ainda das fontes escritas, a leitura de alguns trabalhos de pesquisadores de diversas áreas, cujo enfoque era o MST, serviu para orientar e auxiliar o deslinde de algumas inquietações etnográficas, bem como foi de grande valia a leitura de alguns materiais produzidos pelo próprio MST, condizentes com a sua lógica própria de formação e organização políticas.

A propósito, é interessante deter-nos em uma brevíssima explicação sobre a produção acerca do MST. Em primeiro lugar, é preciso dizer que podemos distinguir na literatura a respeito do MST dois tipos de publicações: os trabalhos produzidos por ele e os trabalhos produzidos sobre ele.

Dos trabalhos produzidos pelo MST constam cartilhas, cadernos de formação, manifestos, comunicados abertos, periódicos, boletins estaduais, entre outros. Esses materiais, alguns com circulação restrita, outros facilmente adquiríveis, nos proporcionam uma visão inicial da organização, atuação, conquistas e problemas do MST, além de nos fornecer dados estatísticos gerais sobre a situação fundiária no país e dados específicos sobre os assentamentos, espalhados por dezenove estados brasileiros.

É importante ressaltar que um dos assuntos mais constantes e enfaticamente tratados nos documentos produzidos pelo MST é a educação nos assentamentos, fato que nos apresenta a amplitude do MST como grupo social cujas reivindicações não se esgotam na obtenção de pequenos lotes de terra.

Os trabalhos produzidos sobre o MST surgem na forma de monografias, teses, livros e artigos, de cunho acadêmico, além das reportagens jornalísticas. Estas últimas, embora tragam-nos dados e informações na alta velocidade que lhes é típica, também o fazem de maneira superficial, gerando, muitas vezes, uma imagem distorcida do Movimento.

Se essa é a circunscrição na qual a pesquisa está situada com relação às fontes escritas e aos conceitos mais teóricos, há ainda que se falar sobre a pesquisa de campo e os relatos etnográficos.

A pesquisa de campo foi realizada privilegiando as entrevistas semidirigidas e o contato informal[7] com grupos de acampados. Todavia, o limite da fala do outro é bastante preciso quando se trata de movimentos políticos, principalmente se há uma hierarquização interna que deixa bem claro quem é que manda, ainda que os duplos obediência-respeito e ordem-conselho apareçam como forma de dissimulação da relação assimétrica travada entre base e liderança.

---

[7] Por contato informal devem-se entender as conversas "fiadas", levadas ao pé do fogão a lenha. É nesse momento que as reclamações e intrigas são despejadas sem receio.

Com efeito, se o pesquisador é apresentado ao grupo pela liderança – o que acontece em quase todas as vezes em que se inicia o contato com um acampamento –, a liberdade de crítica ao movimento já está comprometida. Somente com o tempo – e, digamos, com um certo "jogo de cintura" do pesquisador – torna-se possível o estabelecimento de uma relação de confiança livre da auto-censura temerosa que permeia os silêncios e olhares desconfiados dos acampados.

Outrossim, se as entrevistas carregam esse componente do não-dizível, é também verdade que por meio da ordem linear de perscrutação e pela quase cerimônia instalados no ato de entrevistar um acampado é que se conseguem auferir os dados mais relevantes sobre a trajetória do entrevistado.

Etnografia

O acampamento Zumbi II

O acampamento Zumbi II, no município de Iaras (320 km a oeste da cidade de São Paulo), surgiu no dia 20 de novembro de 1995. O local do primeiro acampamento foi o Núcleo Colonial Monções, uma área de trinta mil hectares pertencentes à União, que a adquiriu em 1910 com vistas ao desenvolvimento de um projeto de colonização. O espaço que abrigou os barracos, feitos de madeira e lonas plásticas, é uma reserva de pinus, árvores de grande porte da qual se extrai resina usada na indústria química. A concessão de exploração dessa área foi feita há mais de vinte anos para o Grupo Eucatex, do senhor Paulo Maluf, e para o Banco Itaú. Esse tipo de árvore suga de forma intensa os lençóis d'água do solo, transformando a terra numa espécie de argila. Há poeira constante e os poços artesianos, abertos de maneira rudimentar, secam em pouco tempo. O local dista cerca de dezenove quilômetros da cidade, o que dificulta a ida dos acampados ao posto de saúde municipal e à escola. Em janeiro de 1996, as cerca de trezentas famílias que lá estavam acampadas foram despejadas, pois o Instituto de Terras do Estado de São Paulo (Itesp) pediu à Justiça a reintegração de posse na área. As famílias seguiram para as margens de uma estrada de terra que passa por dentro do Núcleo Colonial Monções e lá reconstruíram seus barracos. Em julho de 1996, havia 245 famílias cadastradas pelo Instituto Nacional de Colonização e Reforma Agrária (Incra), além de cerca de oitenta famílias recém-chegadas.

No acampamento, cada um é proprietário dos seus próprios utensílios domésticos (colchões, panelas, pratos, talheres), embora eles sejam constantemente emprestados de vizinho para vizinho. A infra-estrutura básica – batedouros de roupa, poços e fossas – é dividida por grupos de famílias espacialmente próximas, gerando pequenos núcleos de maior sociabilidade entre os acampados.

Existem também os "prédios públicos" do acampamento, ou seja, os barracos onde funcionam a farmácia, o almoxarifado e a secretaria do acampamento, além de duas igrejas, uma católica e outra protestante. Os extremos do acampamento são arrematados por guaritas de segurança. Os acampados se revezam em turnos de cinco ou seis pessoas durante 24 horas. Todos os que entram ou saem devem fazer-se anunciar nas guaritas.

No final de agosto de 1996, os sem-terra fizeram nova ocupação, dessa vez na fazenda Ninho Verde, de 240 hectares, registrada como propriedade de Angelo Uliana, prefeito do município de Tietê pelo PMDB. A fazenda é próxima ao local dos primeiros acampamentos – cerca de dez quilômetros do Núcleo Colonial Monções. Dessa ocupação participaram aproximadamente 160 famílias. Até o início de 1997, o acampamento continuava erguido na Ninho Verde, embora somente cerca de noventa famílias continuassem acampadas.

Os dados mais recentes sobre a atuação do MST em Iaras, fornecidos em 2004 pelo Grupo de Mediação de Conflitos da Fundação Instituto de Terras do Estado de São Paulo, apontam a existência de cerca de nove acampamentos no município. Há um único assentamento – resultado direto do processo que se iniciou em 1995 – chamado Zumbi dos Palmares. Localizado no interior do Núcleo Colonial Monções, o assentamento estava dividido em 52 lotes, abrigando várias famílias oriundas do acampamento Zumbi II. O Incra incorporou ao assentamento mais duas glebas contíguas, que serão brevemente divididas em novos lotes.

Atores

Os acampados de Iaras são oriundos de Sorocaba, Limeira e outras cidades menores, periféricas a esses centros, embora tenham nascido principalmente nos estados do Paraná, Minas Gerais e outros da região Nordeste em geral. Assim como em outros acampamentos do Estado de São Paulo, a busca pelo movimento decorre da falta de ocupação nas cidades, sejam elas grandes ou médias.

A maioria deles está fazendo a trajetória campo-cidade-campo; ou seja, nasceram no meio rural, migraram para as cidades e agora buscam retornar ao trabalho na terra por meio do MST. É o que podemos constatar nas falas dos acampados:[1]

> O senhor nasceu aqui no Estado de SP?
> *Não, nasci no Mato Grosso.*
> Quando morava no Mato Grosso, o senhor trabalhava na terra?
> *Com roça.*
> Trabalhou muito tempo com roça?
> *18 a 20 anos. Aí eu fui para Limeira. Eu fiquei lá mais 8, 9 anos, mais um pouco... Aí de lá eu vim pra cá... eu fiquei desempregado lá...*
> Aí o senhor veio para Limeira... também trabalhou em roça ou na cidade?
> *Foi... trabalhei um pouco na cidade um pouco na roça... laranja,, cortando cana...*
> Na cidade o senhor trabalhava...
> *Ah! Trabalhei de soldador.*
> ...e depois o senhor trabalhou na laranja?
> *Trabalhei na laranja porque não tinha mais emprego...*

---

[1] Os trechos aqui reproduzidos foram selecionados dentre as 48 entrevistas semidirigidas realizadas em Iaras e preservam o anonimato do informante, tal qual o prometido pela pesquisadora.

Você nasceu aqui no Estado de SP mesmo?
Não, na Bahia.
E você saiu da Bahia quando era pequena?
Não eu saí depois de casada... Eu vim para Limeira em 92.
E lá na Bahia vocês trabalhavam na terra já?
Não, nós trabalhávamos assim na roça, mas era... não era nossa.
Vocês trabalhavam em roça, em terra que era dos outros... vocês arrendavam...
Não, tinha os donos da terra mesmo e a gente trabalhava para eles.
Que produto era?
Milho, feijão, arroz, algodão... eles plantavam de tudo...
Mas aí, nas terras em que vocês plantavam, vocês tinham uma casinha?
Não, não tinha. Não tinha nada.
Quando vocês vieram para Limeira em 92, vocês vieram trabalhar na cidade ou na roça?
Meu pai trabalhou na roça...
E vocês ficaram na cidade?
Não, nós também trabalhamos... mas era contrato, né... porque eles pegam sempre em contrato... de seis em seis meses ...depois que termina a [?] eles mandam embora... aí eles mandavam nós embora....
Mas nisso vocês moravam na cidade ou na roça?
Na cidade.
Ah! Era daquele jeito... eles vão com o caminhão pegar, né?
Isso.
E como vocês ficaram sabendo aqui do Movimento Sem-Terra?
Eles passaram falando, né... nas ruas... aí meu pai foi lá no sindicato lá em Limeira... dos Metalúrgicos... aí eles chamaram meu pai para vir para cá... aí meu pai veio...

Quantos anos você tem?
18.
Você nasceu aqui no Estado de São Paulo mesmo?
Nasci. Em Araçatuba.
E, onde você nasceu, sua família trabalhava na roça ou na cidade?
Na roça.

Certo, então você foi criado...
Na roça, num sítio.
E de lá vocês nunca mudaram para outra cidade?
Já mudamos, para umas três cidades já...
Todas no Estado de SP?
Estado de SP.
E sempre trabalhando com lavoura, com roça?
É, meus pais trabalhavam, só eu assim que foi mais na cidade. Eu trabalhei um pouco na roça e com 14 anos já comecei a entrar em firma.
Trabalhava em escritórios das firmas...
Não [indignado], *firmas mesmo, pegando no pesado mesmo.*
Ah, no pesado...
Servicinho baixo [ironicamente].

São poucos os que não estão acompanhados da família. Há várias crianças e alguns idosos. Pessoas simples, humildes, vestidas modestamente, falam mansamente e com timidez acentuada. Alguns chamam a atenção pela magreza e pelo rosto macilento; outros, pela robustez e força.

Você tem mais irmãos?
Aqui não, na cidade.
Aqui estão você e seus pais?
Eu com meus primos, meus pais tão na cidade.
Mas continuam trabalhando com roça?
Meus pais continuam trabalhando com roça... são cortadores de cana.
Mas depois você pretende trazê-los para cá, se sair a terra?
Pretendo. Tô aqui pra pegar uma terrinha pra eles, porque meu objetivo não é assim a terra, né? A terra é mais pra eles que trabalham na roça, eu já quero outra coisa pra mim, né?

Você tem quantos anos?
23.
Você já casou, está aqui com a sua família?
É, marido e dois filhos.

Pequenos?
O mais velho tá com seis anos.
Além de você e seu marido e filhos, tem mais alguém da sua família aqui?
Tem. Minha mãe, meu pai, meus irmãos, tá tudo aqui.

O desconforto com condição de vida precária prevalecente no acampamento e a ânsia em alcançar o *status* de "produtor" são marcantes nas considerações dos acampados sobre sua condição atual.

E o que o senhor está achando aqui do acampamento?
Não tá ruim não, viu?... ruim é ficar embaixo dessa lona fria... se a gente já tivesses as terrinhas da gente, já estava aqui cantando [?], colhendo... sei lá... plantando... e levar a vida assim...
Era mais fácil...?
Ah é, bem mais fácil... [?] aqui muita gente fica parado, né?

Crianças e adultos interessados freqüentam a escola da cidade, conduzidos em ônibus cedido pela prefeitura. Os homens gastam o dia construindo utensílios de madeira, quando não conseguem arrumar um emprego temporário em alguma fazenda próxima. As mulheres cuidam das crianças, do preparo das refeições, da lavagem das roupas e da louça. Há aqueles que se dedicam às atividades de organização do acampamento.

Agora, com relação ao movimento, alguém da tua família exerce alguma atividade?
Meu pai é coordenador do grupo nosso.
E aí vocês dividem o serviço?
É... meu pai tá na militância, né? e eu e minha mãe cuidamos mais da casa, das roupas, né?

Geralmente, visitam a cidade só quando precisam de atendimento médico no Posto Municipal ou – raramente, pela falta generalizada de dinheiro – para comprar alguma coisa.

Nessas ocasiões, reclamam sempre do mal atendimento. Durante algum tempo, inclusive, o prefeito de Iaras proibiu o acesso dos sem-terra ao posto de saúde local.

A opinião geral dos acampados sobre o líder do MST no acampamento, quando estimulada pela entrevista, é permeada por loas à acessibilidade no contato e pela inexistência de críticas.

E aqui dentro do movimento, você acha que o pessoal que coordena o acampamento, os militantes do movimento, têm sempre uma boa relação com as pessoas, sempre que precisa podem procurá-los, conversar o que quiser?

Bom, pelo menos pra mim, eu sou normal, converso com os líder, com os coordenador, eu acho que não tem assim essa parede barrando assim as pessoas conversarem com eles. Agora eu não sei o resto do pessoal o que o pessoal acha. Eu acho que não. Eu acho que eles sempre... precisar é só chegar neles. Eles... outra, nem precisa as pessoas chegar neles, eles chegam nas pessoas e faz as propostas, né?, e o pessoal que decide... ah, tal coisa é tal coisa... ah... assim... tá bão... vamos fazer assim então... sempre pr'o povo decidir.

E o pessoal... os líderes daqui... os outros coordenadores de grupo... sempre que vocês precisam, vocês conseguem achá-los ou é muito difícil falar com eles?

Não, sempre que a gente precisa conversar com eles, eles estão aqui. A não ser quando eles estão viajando, negociando com o Incra, né? Aí sempre eles estão aqui no acampamento.

Você acha que o pessoal que fica no acampamento tem medo de falar com eles? Acham que umas coisas podem ser faladas, outras não... que não pode reclamar com eles... Você acha que tudo o que as pessoas quiserem falar, reclamar elas podem?

Pode. Tudo que a pessoa quiser conversar com eles, eles ouvem a gente, eles conversam com a gente, eles não tem receio de conversar com a gente...

Agora o pessoal que coordena aqui... sempre que o senhor tem alguma coisa para falar, que o senhor queira reclamar... ou que o senhor queira sugerir... o senhor sempre se encontra com eles... ou não? o senhor procura...
Não, não tem nada pra reclamar não... do coordenador não... é tudo gente boa... não fala nada não..

Essas posições são, todavia, distintas daquelas provenientes de acampados que desenvolveram um grau mais elevado de confiança com a pesquisadora e despejam os dissabores em conversas informais. Nessas situações, é comum ouvir comentários como:

- A moto que o [líder] comprou, aposto que foi com dinheiro do Incra.
- Ele é um molenga, só sabe ficar viajando para São Paulo e não organiza uma ocupação de novo.
- Ele tem sempre do bom e do melhor e nós, pastando.
- Qualquer coisa que a gente falar ele acha que nós queremos "rachar" o movimento e aí expulsa mesmo.

Outro aspecto passível de manifestações contraditórias é a sociabilidade interna no acampamento. As respostas dos entrevistados apresentam um "mundo cor-de-rosa" de solidariedade e ajuda mútua. Mas, se o discurso predominante é esse, as práticas do "eu vi primeiro" abundam e marcam a existência constante de conflitos, alguns deles descritos ao longo deste trabalho. Do mesmo modo, as falas apontam para a adesão ao trabalho cooperativo por ocasião do assentamento futuro, embora, à boca miúda, vários acampados mostrem-se desejosos de total autonomia e listem com facilidade os companheiros que jamais tomariam como "sócios".

E o senhor, aqui dentro do acampamento, o senhor fez muita amizade, com muita gente....
Tenho amizade com todo mundo aqui, graças a Deus... não tenho raiva de ninguém aqui... acho que ninguém tem raiva de mim...

E vocês se ajudam, sempre que preciso...
Isso.
O senhor acha que quando sair as terras de todo mundo, se por acaso houvesse algum problema para conseguir dinheiro... porque quando a gente vai trabalhar com agricultura é difícil não ter como preparar a terra, o trator, todas as coisas que precisa... o senhor acha que, se o único jeito de trabalhar a terra, fosse trabalhar todo mundo junto, sem cada um ter o seu próprio pedaço certinho, todo mundo trabalha junto, divide junto o que ganhar junto, esse tipo de coisa... o senhor toparia, o senhor acha que dá certo...
Eu acho que daria certo... porque a gente vai trabalhar com quê, se não tiver o dinheiro pra gente investir na terra, que jeito você vai tombar uma terra, comprar uma semente, um veneno, porque tudo isso é preciso, um maquinário pra passar um veneno...
Quer dizer que se fosse o único jeito todo mundo ter que trabalhar junto o senhor não se importaria...
Não, eu não...
Não ia ter problema?
Não.

―――――――

Vamos supor, que na hora que saísse a terra, que todas as famílias tivessem dificuldade de investir – máquinas, semente –, porque algumas pessoas tem outra posse, que podem usar para investir aqui... você tem alguma outra posse – casa, sítio?
Não, nós não temos nada.
Se fosse o caso, de o único jeito de arrumar dinheiro para fazer as roças, fosse todo mundo trabalhar junto, você topava?
Toparia sim, né?
E aqui você já conhece bastante gente? Fez amizade com bastante gente?
Conheço bastante.
Não tem problema com ninguém?
Não.
Na hora que precisa vocês se ajudam, um tem uma coisa outro não tem, aí vocês se ajudam?

É, todo mundo ajuda...

Isso é bom porque se vocês precisarem trabalhar juntos, um já conhece o outro, né?

Ah é, se nós for receber, nós quer fazer com nossos companheiros.

Isso é uma boa... trabalhou todo mundo junto para conseguir, trabalha todo mundo junto depois.

É, quando nós conseguir nossa terra também, nós tem que fazer unido... se nós tá recebendo nós tem que fazer, tem que ter uma mão nossa para outro acampamento, né? ou talvez pros nossos companheiros aqui, né?, que todos é companheiro de luta, né? Tem que fazer o mesmo que nós tá recebendo... É uma bênção, né? Nós tem que ser unido, seguir em frente, os crente manda coisa aqui pra nós, os católicos manda, nós tem que ser humano, tudo unido. E agora fica tudo bom, porque não tem separação de nada. O que eles "presentá" pra comer é pro acampamento todo, o que "presentá" pra vestir é pro acampamento todo, o que "presentá" pra comer é pro acampamento todo e nós tamo unido (?), outros vai brincar, outros vai dormir, e fica assim, assim passa o mês, né?

No que diz respeito à política institucional, os acampados de Iaras, em geral, passaram a nutrir uma simpatia grande pelo Partido dos Trabalhadores (PT), provavelmente pelo auxílio material e apoio simbólico que lhes são prestados por sindicatos e parlamentares ligados ao partido. Sem esquecer, também, a influência exercida pelo fato de reconhecerem que estão atuando contra os governos estabelecidos, logo fazem parte da *oposição*.

E você, que é ligado à Igreja, acha que a experiência do acampamento vai te levar, quando você for padre, para o setor da Igreja que está sempre preocupado com as questões sociais? Você vai apoiar as questões sociais?

Sempre, sempre tenho que ajudar o povo, né? Porque o povo, essa questão social do povo pobre, sempre, a gente que é religioso, a gente que talvez, assim, quer alguma coisa pra trabalhar com o povo, a gente tem que dar mais valor ao povo pobre... são um povo humilhado, maltratado, e esses governo num tão nem aí com o povo, né?...

Então a gente tem que lutar... até nem se pode ser contra os governo, mas a gente tem que lutar, pra sempre ter a disposição do povo.

Tem algum partido que você prefira?

Partido, partido assim, eu não sou muito de confiar em partido não... agora no meu sinceramente, né... eu, pra mim, eu... certo que a gente deve votar, mas eu decido assim mais de última hora... eu não sou aquela pessoa que tem aquele partido assim do coração... o único partido assim que eu acho que é um partido que luta mais pelos pobre é o PT... eu acho que esse partido luta bem pelos pobre... só que não dizer também que eu voto, sou petista, voto no PT, não. Depende do candidato que se elege ao PT, eu voto, depende, não.

Nessa eleição para presidente você já votou?

Não, ainda não votei... meu primeiro voto vai ser pra essa eleição de agora a prefeito... eu não pretendo votar pra ninguém... os prefeito da minha cidade num convence...

O senhor acha que, por exemplo, esse problema do pessoal que quer ter terra, gente que quer trabalhar, que às vezes está jogado na cidade, está sem emprego e que poderia estar plantando... o senhor acha que os governantes têm interesse em ajudar a solucionar essa questão?

Eu acho que teria... mas sei lá... a gente vê aí... eles não se preocupam com nada... não dá uma [?] para ninguém... [?] a gente fica com aquela [?]. eu estava com cinco meses parado... já vai para um ano e pouco que eu estou parado.... quer dizer, se não tivessem me explicado e eu não viesse pra cá... também aqui eu tô parado mesma coisa, mas... às vezes [?] que eu fui lá esses dias... tá com duas semanas... três semanas mais ou menos... nem serviço pra cana você está achando mais... você tem que ter aquele maior estudo, né... senão nem pra cana você não acha mais... Então... em firma você não entra mais se não tiver o primeiro grau, oitava série, você não entra mais numa firma... se tem uma vaga vai 80 pessoas, 100 pessoas. Aí não tem jeito mesmo...

Mas esse governo atual, desse presidente [Fernando Henrique Cardoso], desse governador [Mário Covas], o senhor acha que eles são gente boa, tem interesse...

Acho que não sei não...

O senhor votou neles, ou não?

Eu... eu votei no Lula... pra falar a verdade, eu votei as duas vezes no Lula...

Você acha que o governo tem intenção de ajudar também?

Ah eu acho que sim... espero que sim... espero que eles ajuda a gente, né?

Você votou recentemente em algum partido?

Eu votei no ano passado, no retrasado, né? Eu votei no Fernando Henrique, né?

Você tem algum partido que você acha que ajuda mais o movimento?

O que tem que ajuda é a CUT, né? o povo do sindicato lá, do PT, sempre ajuda a gente... as igrejas ajuda... esses que sempre ajuda a gente...

Você votou no Fernando Henrique antes de entrar para o movimento... se fosse agora, o Fernando Henrique contra o Lula do PT, você votava de novo no FH?

Ah, eu votaria no Lula agora.

Conflitos

Não são poucos os conflitos ocorridos dentro do acampamento. A maioria deles surge de pequenas contendas nos próprios grupos de vizinhança, motivadas por desconfianças de falta de lealdade, de furtos de utensílios domésticos ou vestimentas, de apropriação de bens *a priori* coletivos ou por pais que "tomam as dores" dos filhos que brigaram com os filhos dos vizinhos.

Alguns dos conflitos, entretanto, não se esgotam no simples "bate-boca" e assumem proporções maiores, a ponto de impedir a convivência das partes em litígio. Nesses casos, a coordenação do acampamento julga as altercações e toma as medidas convenientes, sejam elas a conciliação ou a punição.

Três casos são merecedores de um relato mais detalhado, pois fornecem uma visão ampla sobre aspectos socioantropológicos da realidade dos acampados em suas dimensões religiosa, política, prática e organizativa.

O roubo do feijão

O primeiro deles corresponde ao "julgamento" de um acampado acusado, inicialmente, de roubar dois quilos de feijão de seu vizinho. O coordenador do grupo ao qual o acusado pertencia relatou o caso na reunião ordinária da coordenação. Imediatamente, o acusado foi chamado para comparecer à reunião. Enquanto um dos coordenadores saiu para procurá-lo, novas acusações contra ele foram feitas: ele também seria responsável por furto de galinhas e de um pato pertencentes a duas mulheres, suas vizinhas. A liderança do MST no acampamento relata que foi procurado pelo acusado na noite anterior, o qual se encontrava embriagado, e teria sido informado que o mesmo era inocente e sabia quem era o ladrão de galinhas.

À chegada do acusado, alguns coordenadores fizeram uso da palavra em tom sereno para explicar-lhe a situação. Nervoso, o acusado não quis sequer sentar-se e tentava rebater as acusações dizendo que estava lá para conseguir terra e não para "paiaçada". A liderança do MST começa a endurecer o discurso acusatório, trazendo à tona algumas manchas no passado do incriminado: ele havia sido expulso por problemas semelhantes do acampamento de Itapeva (SP) e roubado um cavalo em Iaras, delito pelo qual foi preso na delegacia da cidade e solto a pedido da própria liderança em questão. O anúncio de sua iminente punição vinha da afirmação de que ele já havia recebido a sua segunda chance.

Acuado, o acampado resolve assumir parcialmente a culpa pelo roubo do feijão – pois diz que aquilo não passou de uma brincadeira – e entregar o autor dos roubos das aves: o dono do feijão roubado. Este, por sua vez, não se encontra no acampamento e não pode se defender. Para representá-lo e testemunhar, é chamado o seu sobrinho, que mergulha em afirmações contraditórias sobre quem tinha roubado o pato – pois das galinhas ele nada sabia. O acusado principal assume ter comido o pato roubado, mas reafirma que o autor do delito foi o dono do feijão. O sobrinho deste último confirma que foi cozido um pato na casa de seu tio, mas que quem o roubou foi o acusado principal, que ainda tinha prometido roubar também o ganso da vizinha. Resultado: ainda que não tenha ficado claro quem roubou o quê, o acusado é declarado unanimemente uma presença indesejada no acampamento e punido com a pena máxima, ou seja, a expulsão. O roubo do pato foi declarado como passível de novas averiguações, pois o dono do feijão também não era pessoa das melhores. Após o veredicto, ainda procedeu-se à votação sobre quando o condenado deveria partir, se naquele dia mesmo – já estava anoitecendo no momento em que esta discussão foi iniciada – ou se no outro dia de manhã. Em deliberação bastante apertada, o condenado recebeu o direito de só partir no dia seguinte.

O messias automobilístico

O segundo caso diz respeito a um fenômeno bastante interessante, embora concentre-se principalmente sobre um único acampado. O rapaz em questão foi procurar-me no barraco em que estava hospedada, durante a minha estada em campo no mês de julho, pois ficara sabendo da minha presença ali e achava que tinha muito para contribuir com a pesquisa. Contou-me que tinha 37 anos, que estudou até o terceiro ano de Biologia em Niterói e era casado com uma funcionária pública. Nasceu no Piauí, onde sua família tinha um sítio que produzia caju, mas que, pelo não-pagamento de impostos devidos, foi-lhes tomado. Seus irmãos ainda moravam naquele Estado, um era contabilista e o outro, advogado.

Aos quinze anos, foi para o Rio de Janeiro, trabalhou como engraxate e fez outros "bicos", até que, aos dezoito anos, entrou para a Marinha, chegando a ser cabo. Saiu porque "aquela instituição transforma as pessoas em robôs". Relatou as suas aventuras literárias: escreveu um livro chamado *O outro lado da Marinha brasileira* – feito que lhe valeu menção no Guinness como o único ex-marinheiro que teve coragem de escrever contra a Marinha.[2] Escreveu mais um livro infantil, um sobre o Corinthians, um para um vereador do PT de Campinas e, naquele momento, estava escrevendo um livro sobre o MST.

Quando saiu da Marinha, foi para Campinas e arrendou dois alqueires de terra de uma indústria. Após três anos, a indústria solicitou a desocupação da área para a construção de galpões e ele foi sucessivamente para dois projetos do Itesp, mas não conseguiu terra. Tentou o assentamento de Sumaré, organizado pelo MST, mas também não conseguiu estabelecer-se por lá. Indicaram-lhe, então, o acampamento de Iaras.

Mudando totalmente de assunto, disse que era uma pessoa que se preocupava mais com o espírito que com a matéria, que era fã da Shirley MacLaine. Relatou, então, a história que provava que o mundo dos espíritos existia. Ele e sua mulher tinham muita vontade de ter um filho homem (pois só tinham filhas), mas que, após fazer uma série de tratamentos, sua mulher disse-lhe que o médico garantira que ela não mais poderia engravidar. Ele disse a ela que entregassem a questão nas mãos de Deus. No mesmo dia, ele teve um sonho, no qual Jesus Cristo lhe apareceu dizendo que teriam um filho, mas que, para que isso acontecesse, uma pessoa famosa iria morrer. Era o *Ayrton Senna*. Jesus lhe mostrou até como e quando seria o acidente. Disse-lhe que seu filho deveria chamar-se Abrasaic, um nome que não existia em nenhum livro e que significa "pai e filho unidos num só espírito", e que quando o garoto completasse dois anos, deveria entrar numa escola de

---

[2] Não há menção ao referido livro no *Guinness Book*.

kart, porque será piloto quando crescer. Após uma semana, Senna realmente morreu e sua mulher ficou grávida. Deu ao menino o nome que Jesus indicara. Depois do nascimento, o próprio Senna em espírito veio falar com ele e dizer que estava muito bem e feliz pelo nascimento de seu sucessor.

Contou que conheceu um empresário alemão que também conversa com espíritos e contou-lhe a história do nascimento de seu filho. O empresário, comovido, pediu para ser padrinho do menino e prometeu patrocinar o afilhado na carreira de piloto. O filho, que é fisicamente parecido com Senna, estava com um ano e oito meses e já realizava peripécias com o "velotrol".

Quando voltei a campo, em outubro, perguntei por ele e a resposta foi que ele havia enlouquecido, razão pela qual foi expulso do acampamento. O fato revelador da "loucura" foi uma pregação feita pelo rapaz no meio do acampamento, dizendo ser a encarnação de Jesus Cristo e, logo, ele sabia quais eram *as terras destinadas àquele "rebanho"*. Por ter arrebatado um pequeno séquito, o rapaz foi acusado de tentar fracionar o acampamento. Antes do evento que o tachou de louco, o rapaz já havia sido acusado pelo mesmo motivo, pois tecia várias críticas à direção do acampamento.

O "racha" politiqueiro

O terceiro e mais amplo conflito ocorreu entre um grupo de sem-terra e a liderança do acampamento. Embora não houvesse nada explícito, a viagem a campo em julho revelava-me indícios de que um grupo – coincidentemente aquele com o qual eu possuía relações mais próximas – parecia extremamente descontente com os rumos do acampamento e com a liderança do MST ali presente. Havia falatórios, acusações, reivindicações, todos "em *off*", pois o medo da expulsão os impedia de falar abertamente sobre esse assunto. O grupo, encabeçado pela família do senhor T., que reside em Iaras, veio até São

Paulo conversar com um dirigente da Coordenação Nacional do MST, reivindicando a troca da liderança. Alguns dias depois, são enviados ao acampamento dois outros militantes do MST oriundos do assentamento de Rancharia, mas isso não satisfez o grupo. Essa família residente em Iaras estava engajada nas eleições municipais, fazendo campanha para o candidato oposicionista da coligação PPB-PSDB-PMDB, dizendo que ele iria ajudar a assentar os sem-terra.

O senhor T. telefonou-me, no dia das eleições municipais de 1996 (3 de outubro) pedindo para ir participar de uma reunião com eles o mais brevemente possível, situação que causou-me constrangimento, mas que julguei fundamental para esclarecer algumas dúvidas sobre o caso. Na reunião, realizada logo no dia seguinte, contam que querem fazer uma ocupação sem a liderança do MST na fazenda Rio Pardo (oito mil hectares), a mais cobiçada da região por ter as melhores condições de plantio. Para tanto, contariam com o apoio do seu candidato a prefeito – derrotado – e do vereador eleito pelo PSDB que apoiaram. Este, por sua vez, possuía uma pequena área dentro da Rio Pardo – e por isso garantira-lhes que, desde que não tocassem em nada seu, a ocupação seria um sucesso. O grupo "dissidente" era composto por dez famílias, mas avaliavam que dada a desmoralização do líder do MST, eles conseguiriam aglutinar cinqüenta famílias para a ocupação autônoma.

A discordância com o líder do MST acirrou-se por ter ele defendido, em assembléia no acampamento, a neutralidade na disputa eleitoral de Iaras. O candidato oposicionista havia até arrumado a transferência do título de eleitor de vários acampados com domicílio eleitoral em outras cidades e, além de tudo, provia há meses a família do senhor T. com víveres básicos. Outro aspecto gerador de animosidade foi o fato de, no novo acampamento na Ninho Verde, o líder do MST ter se alojado com a família na única construção de alvenaria da propriedade, que contava com luz elétrica e água encanada.

Para a ocupação, queriam contar com apoio do maior número de pessoas – incluindo o meu, descartado assim que expliquei os limites da minha relação com eles –; queriam colocar no alto do novo acampamento a bandeira do Brasil, "que nem os sem-terra da novela".[3] Consideravam-se sem-terra, mas não precisavam do MST porque tinham pessoas importantes que os apoiavam.

Em março de 1997, encontrei-me com um acampado, membro da coordenação, durante o Encontro Estadual do MST, e ele contou-me que o grupo em questão não estava mais acampado, mas não quis entrar em detalhes se houve expulsão ou uma saída deliberada, nem se o grupo realizou a *ocupação paralela* ou não.

Aspectos gerais dos acampamentos paulistas

As ocupações de terra, primeiro passo para o estabelecimento do acampamentos, ocorrem em áreas legalmente irregulares, seja por desrespeitarem o princípio constitucional de utilização social da terra seja porque o processo de apropriação da gleba por particulares deu-se de maneira ilícita, por meio da prática de grilagem,[4] convênios duvidosos com o Esta-

---

[3] Referência à novela *O rei do gado*, exibida pela emissora Globo em 1995, que mostrava um grupo de sem-terra liderados por um casal inspirado em José Rainha Jr. e Diolinda Alves de Souza, líderes do MST no Pontal do Paranapanema e "símbolos midiáticos" do movimento, pelas inúmeras perseguições que sofreram da Justiça, gerando uma série de indiciamentos e prisões. Na novela, o núcleo de sem-terra proferia discursos pacíficos e negava o "vermelho" da bandeira original do MST, que simbolizava o "sangue e a violência", em prol do "verde" da bandeira brasileira, que representava a "esperança".

[4] Sobre as engenhosas maquinações usadas por grileiros para se apropriar de terras, ver Fernandes (1994, p.81-4).

do etc. Em muitos casos, a ocupação é realizada em uma área do próprio Estado, onde o solo e até algumas benfeitorias estão absolutamente abandonadas. No entanto, a maioria dessas áreas públicas caiu em mãos particulares mediante a política de privatização de empresas estatais, aplicada continuamente desde meados dos anos 90.

Em Moji-Mirim, por exemplo, a área da ocupação é administrada pela Fepasa, privatizada em 1998; no Pontal do Paranapanema, muitos acampamentos erguem-se nas dependências da hidrelétrica Taquaruçu, gerenciada pela Cesp, empresa que foi desmembrada e parcialmente privatizada em 1999.

Seja qual for a situação jurídica da área ocupada, a etapa seguinte à ocupação é o despejo. Os proprietários, mesmo que o uso dessa nomeação possa ser absolutamente discutível, requerem um mandato de reintegração de posse junto à justiça local e a desocupação é efetuada, em alguns casos passivamente, mediante apenas o informe do oficial de justiça, em outros, sob mira das forças policiais.[5] Mas, o maior problema que os acampados enfrentam na primeira ocupação, caso ela seja efetuada em terras particulares, é a violência dos ataques realizados pelo contingente das chamadas "polícias privadas", os tão conhecidos jagunços.

Após o despejo, os sem-terra acampam nas imediações da área desejada para desapropriação. Estabelecem-se, geralmente, em beiras de pequenas estrada vicinais – casos de Getulina, Iaras e Moji-Mirim, por exemplo.

Em Rancharia, o acampamento pós-despejo instalou-se ao lado de uma ferrovia, o que redobrava o perigo para as

---
[5] No Estado de São Paulo, o enfrentamento mais brutal por ocasião de um despejo ocorreu em 19 de novembro de 1993, quando dois mil policiais militares invadiram o acampamento da fazenda Jangada, em Getulina, que abrigava cerca de duas mil e quinhentas famílias (cerca de mil e seiscentas crianças). A operação valeu-se de helicópteros, cães, cavalaria e bombas de gás lacrimogêneo. Segundo os acampados, houve ferimentos de toda sorte, três mulheres abortaram e um senhor idoso enfartou em decorrência do despejo violento. Segundo o MST, o número de feridos foi superior a cem.

crianças e obrigava os acampados a conviverem com o barulho estarrecedor provocado pela passagem dos trens. Já o acampamento em Pindamonhangaba situava-se à margem da Rodovia Presidente Dutra e, em matéria de publicidade, foi um sucesso. Nos fins-de-semana, muitos curiosos que passavam pela rodovia estacionavam no acostamento e arriscavam uma visita rápida aos acampados.

As etapas 1) ocupação da área pretendida/acampamento, 2) despejo/acampamento provisório, 3) reocupação da área pretendida/acampamento[6] repetem-se inúmeras vezes, variando em número de caso a caso. Um acampamento provisório pode durar até dois anos ou mais, até que o assentamento definitivo seja realizado.

A mobilidade inerente a esse processo geral ocupação/acampamento é indicativa da situação de *ausência de territorialidade definida* à qual está submetido o acampamento. Temos, então, um dos fatores mais importantes na caracterização do acampamento como uma realidade transitória.

No que diz respeito à configuração espacial interna dos acampamentos, podemos dizer que não há regras específicas de ordenação; via de regra, os barracos são construídos uns ao lado dos outros, dispostos em fileiras. O número de fileiras varia de acordo com predicados próprios do local de instalação. Por exemplo: se o acampamento se estabelece às margens de uma estrada vicinal, haverá duas fileiras de barracos, uma em cada margem. Se o acampamento localiza-se em uma única margem de estradas ou vias férreas, o número de fileiras corresponde ao número de "ruas" estabelecido pela existência de clareiras ou trilhas naturais. No caso de um terreno com

---

[6] Em alguns casos, durante o acampamento provisório pós-despejo, decide-se que uma outra área que não a do primeiro acampamento é mais adequada, ou por uma maior facilidade no processo de desapropriação, ou porque apresenta melhores condições de aproveitamento do solo.

vegetação densa, os próprios acampados abrem as "ruas", ceifando o mato e destocando a área. Posteriormente, são cavados poços e construídos os batedouros de roupa, os fogões à lenha improvisados e as fossas, para uso comum dos acampados.

A disposição dessa infra-estrutura cria os grupos de vizinhança com acesso aos mesmos bens comuns, geralmente coincidentes com os grupos de famílias que compõe a unidade básica de ordenação político-funcional no acampamento.

Organização política do acampamento

Embora o acampamento não possa ser visto como uma microssociedade com tradições, história longa, instituições e poderes legalmente definidos, ele é um grupo social funcionalmente ativo e, para tal, dispõe de normas e práticas organizativas bem definidas, bem como de fóruns deliberativos e "instituições" públicas de reconhecimento coletivo.

Em geral, os acampamentos contam com um ou mais representantes do MST – o(s) líder(es) ou a liderança –, responsáveis pela coordenação geral e pela condução política do processo de luta iniciado. Após a ocupação, montado o acampamento, as famílias sem-terra são divididas em grupos e cada grupo elege o seu coordenador. Não há um número determinado de grupos ou de famílias pertencentes a um grupo. Tal divisão varia de acordo com o tamanho do acampamento, expresso no número total de famílias que agrega, e depende também de critérios como: divisão de grupos por cidade ou região de origem, divisão por proximidade espacial dos barracos ou, em outros casos, segue uma divisão aleatória (por exemplo: um acampamento com duzentas famílias terá dez grupos com vinte famílias cada). O(s) representante(s) do MST e o conjunto de coordenadores de grupo formam a *coordenação do acampamento*. À coordenação compete a escolha dos *res-*

ponsáveis de setores[7] – saúde, higiene, segurança, alimentação e educação. Esses são os setores indispensáveis e encontrados em todos os acampamentos, embora possamos encontrar também outros setores como lazer ou exploração da área. Não raro, um coordenador de grupo também assume a função de responsável de setor.

Das reuniões da coordenação do acampamento, com periodicidade semanal – mas com quantas convocações extraordinárias forem precisas – participam o(s) líder(es), os coordenadores de grupo e os responsáveis de setor. A reunião da coordenação é o conselho ordinário deliberativo do acampamento, cujo poder só é suplantado pela assembléia de acampados, conduzida pela representação do MST no acampamento.

Nas reuniões, a pauta é confeccionada coletivamente, como primeira atividade da reunião, embora já haja um esboço preliminar sutilmente encaminhado pelo líder do MST. Ainda assim, há uma discussão com participação geral, em que os presentes se manifestam pela exclusão ou inclusão de um ou mais itens. O responsável pela *mesa* (denominação política para expressar o comando de uma reunião ou assembléia, personificada nas figuras dos que coordenam os trabalhos ali levados a cabo) e o responsável por secretariar a reunião são coordenadores de grupo que se revezam constantemente, para que todos possam exercer tais funções. Segundo os líderes do MST, tal procedimento é importante para politizar os membros do acampamento, já que estes assumem responsabilidade perante o movimento, além de possibilitar uma medição das características que indicariam capacidade de liderança, clareza e convencimento destes. Todos os membros efetivos da reunião de coordenação têm direito à voz e ao voto.

Os temas elencados em tais reuniões vão desde questões pertinentes ao cotidiano do acampamento até os informes sobre

---

[7] Embora a regência do complemento nominal esteja equivocada, é esta mesma a denominação: responsável da saúde, responsável da segurança etc.

em que nível de tramitação o processo de pedido de desapropriação da terra almejada se encontra nos órgãos competentes (Itesp, Incra), passando pela resolução de contendas internas entre acampados.

Os coordenadores de grupo, por sua vez, promovem reuniões com as famílias que coordenam, cumprindo o papel de levar-lhes as discussões e resoluções advindas da reunião da coordenação geral, e também de receber reclamações, sugestões e reivindicações a serem encaminhadas para a pauta da reunião geral seguinte.

Poderíamos, então, representar graficamente os níveis de organização no interior do acampamento da seguinte forma:

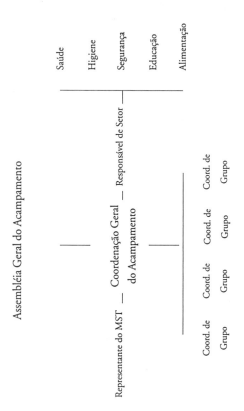

Os acampamentos revestem-se de uma atmosfera real de absoluta precariedade. Alimentação, saúde e habitação são os aspectos aos quais daremos atenção para reproduzir as condições materiais de existência do sem-terra acampado.

Alimentação

Os alimentos que chegam ao acampamento provêm de doações efetuadas por entidades como igrejas – de diversas orientações –, sindicatos, agremiações estudantis e, por vezes, das prefeituras dos municípios que sediam o acampamento. É comum, por exemplo, que um acampamento realizado numa cidade cuja paróquia seja dirigida por um padre com motivações progressistas receba leite fornecido por alguns fazendeiros da região, em razão dos acordos mediados pela igreja.

A partir de 1997, o governo federal passou a enviar cestas básicas para os acampamentos, por meio do programa Comunidade Solidária. Todavia, essa iniciativa não pode ser tomada como uma grande benesse. Além do atraso no envio das cestas – que deveriam ser mensais, mas às vezes cada remessa demora quatro ou cinco meses para chegar ao acampamento –, os sem-terra têm que enfrentar a péssima qualidade dos víveres enviados: alimentos industrializados com o prazo de validade vencidos, quilos de feijão "carunchado"...

Os acampados recebem também colaborações vindas de assentamentos rurais organizados pelo MST, na forma de hortaliças e leguminosas *in natura*.

A dieta básica do acampado resume-se a café, macarrão, arroz e feijão. A carne aparece raramente: alguns acampados constroem viveiros para criar galinhas, patos e até gansos, criações das quais dispõem particularmente; para os outros acampados, a presença da carne em sua dieta limita-se aos dias em que as expedições de caça são bem-sucedidas.

Os alimentos são armazenados no almoxarifado e distribuídos por família, em quantidades que variam de acordo com o número de seus membros. É comum, no entanto, que essa prática do racionamento gere desavenças, pois muitas doações contendo produtos específicos (latas de sardinha, ervilha e milho-verde, gelatina em pó, doces em calda etc.) não contemplam quantitativamente o total dos acampados, tornando-se objetos de intensa disputa no acampamento.

Saúde

Quanto à saúde, podemos constatar um nível de precariedade ainda mais acentuado. Embora os acampamentos destinem um barraco à função de farmácia, o número e a variedade de medicamentos à disposição dos acampados são absolutamente insuficientes. As doações de remédios são mais raras que a de alimentos e, de qualquer forma, dificilmente suprem as demandas reais dos acampados; no máximo, fornecem em pequena escala a medicação básica, ou seja, analgésicos e antigripais. Os acampados que necessitam de medicação específica e constante, recorrem ao representante do MST que pouco pode fazer para solucionar tais problemas.[8]

O atendimento pelos postos médicos municipais é dificultado por três aspectos: 1) dificuldade de locomoção até a cidade; 2) o preconceito sofrido pelos sem-terra por parte da estrutura de poder municipal; 3) a falta de estrutura própria

---

[8] Nos acampamentos de Rancharia e Iaras, as responsáveis do setor de saúde eram auxiliares de enfermagem que, desempregadas, juntaram-se ao movimento. Nesses casos, felizmente, o acampamento contava, ao menos, com um profissional da área médica que pudesse apontar as reais necessidades dos acampados e prestar os primeiros-socorros de maneira adequada, bem como prescrever a medicação básica de maneira mais segura.

aos postos de saúde das pequenas cidades que, em geral, sequer atendem as necessidades da população local.

Vale ressaltar que não há nenhum tipo de política pública institucional que vise auxiliar os acampamentos no que se refere à saúde, nem ao menos o envio regular de medicamentos.

Habitação

Os barracos são a unidade de habitação familiar no acampamento. Espaço privado por excelência, neles os acampados guardam seus pertences, realizam a higiene pessoal e repousam durante a noite. Sem nenhum luxo, no chão de terra, os acampados zelam por seus barracos sem, no entanto, nomeá-los como casa. "Venha ao meu barraco", "vamos ao barraco de fulano" são as frases ouvidas. A casa pertence ao sonho futuro, condicionada à terra que pretendem obter.

Os barracos são construídos pelos próprios acampados que devem, inclusive, ter sua própria lona no momento da ocupação. Aos que não têm como cumprir tal regra, o MST fornece a lona. A madeira para sustentação é obtida, geralmente, no próprio local da ocupação. E, embora os barracos sejam todos pequenos e quase padronizados, há aqueles acampados que, por possuírem mais lona e mais pendor para o "planejamento arquitetônico", constroem barracos maiores, com dois ou três cômodos relativamente espaçosos, denominados ironicamente pelos acampados como "mansão", "suíte", em contraste com os demais, chamados de "apertamentos". A diferenciação dos barracos constitui um aspecto pouco importante de hierarquização social, mas às vezes ouvem-se comentários como "aquele não está tão ruim na vida; já viram o barraco dele?".

Dentro dos barracos, alguns improvisam estrados para os colchões ou os colocam diretamente sobre o solo. Alguns barracos ficam tomados pelos pertences maiores como fogões, mesas, cadeiras, sobrando muito pouco espaço para movimentação interna.

Muitos possuem lampiões, acesos por pouco tempo para economizar o gás; outros se contentam com a claridade proporcionada por fogueiras acesas nas portas do barraco.

Além dos colchões, outros objetos indispensáveis e de uso particular são pratos, panelas e talheres, devidamente acomodados no interior do barraco que, geralmente, é trancado por uma fechadura do tipo taramela e, em alguns casos, reforça-se a proteção com correntes e cadeados.

A lona plástica, por sua capacidade de conservar calor, faz que os barracos se tornem insuportavelmente quentes no verão. Já no inverno, além de ocorrer o oposto, as brechas sem vedação permitem a entrada de gélidas lufadas de vento que, aliadas à poeira constante, propiciam o surgimento de toda sorte de doenças respiratórias, principalmente entre as crianças.

Alguns acampados constroem a sua própria "sala de banho" ao lado do barraco, ou seja, erguem paredes de lona em menos de um metro quadrado onde se banham com água armazenada em baldes e bacias. Há também os chuveiros improvisados: uma lata com vários furos suspensa sob a sala de banho, onde uma outra pessoa despeja água pacientemente enquanto se toma banho; segundo os acampados, essa é uma maneira prática de não desperdiçar água, ao mesmo tempo que se tem a impressão de tomar um banho "de verdade". Os que não possuem sua sala de banho privada, utilizam-se dos diversos "chuveiros públicos".

As fossas são públicas e em número médio de uma para cada dez barracos. Embora raramente obedeçam ao critério sanitário de distar ao menos trinta metros do poço, elas são devidamente aterradas e substituídas rapidamente, o que impede uma maior proliferação de verminoses.

E, não obstante suas limitações, os acampados tentam ao máximo cuidar do asseio do barraco e de sua própria higiene pessoal, o ambiente inóspito e a infra-estrutura insuficiente permitem que pragas como o piolho e a sarna rondem constantemente o acampamento.

Atividades cotidianas dos acampados

A rotina dos acampados é marcada pelo ócio potencial. Para as mulheres, responsáveis pelo cuidado doméstico com os filhos, as refeições, a lavagem das roupas, esse aspecto é menos sentido.

Os homens, entretanto, não têm muito que fazer, mas passam os dias procurando alguma atividade, seja ela caçar, recolher madeira, reparar ou incrementar os barracos, abrir novas trilhas pela região ou, o que é mais desejado, conseguir algum emprego temporário em propriedades próximas ao acampamento.

O ócio não é positivamente valorizado; as atividades lúdicas, típicas do tempo liberado do trabalho, continuam sendo exercidas como tal. Não se vê um acampado jogando cartas às duas horas da tarde. Somente após o jantar, como para recompensar mais um dia de trabalho, têm lugar as atividades de lazer e descontração.

Ainda assim, a jornada diária de trabalhos necessários prática ou simbolicamente é entrecortada por intervalos para os "dois dedinhos de prosa", nunca negados e fonte de propagação de notícias, boatos e maledicências em geral ou momento de troca de cândidas impressões sobre amenidades.

No acampamento, todos acordam cedo (entre cinco e sete horas) e dormem cedo também. Após vinte ou 21 horas, o silêncio impera e poucas luzes podem ser avistadas.

Alguns acampados assumem tarefas no chamado setor de organização do acampamento,[9] passando a partilhar de um estatuto diferencial e de menor tempo livre. Há um predomínio masculino nessas atividades, embora as mulheres sempre estejam muito bem informadas das discussões internas pertinentes ao acampamento.

---

[9] Ver organograma à p.57.

Percebe-se, com clareza, no cotidiano dos acampados, que a falta de ocupação não se inscreve em seu rol de representações mentais como algo positivo. Mesmo que sem necessidade concreta, reproduzem formas típicas do *ethos* do trabalho, disciplinados que estiveram durante toda sua vida. Sem nenhuma exceção, os acampados demonstram insatisfação por não estarem inseridos em uma atividade produtiva real, não só pela falta de dinheiro que isso acarreta, mas também e sobretudo porque essa situação não coaduna com o conceito de cotidianidade impresso em seu universo de significados, conservando, nesse ponto, aspectos do *ethos* camponês tradicional, em que o tempo livre está em equilíbrio com o tempo de trabalho e o primeiro é uma extensão compensatória do segundo.

As "instituições" do acampamento

Podemos denominar como instituições do acampamento os barracos que abrigam bens coletivos do acampamento ou correspondem a um espaço de acesso público, em oposição ao espaço privado dos barracos-moradias. Entram nessa categorização o almoxarifado, a farmácia, a secretaria do acampamento, a igreja e a escola. As duas primeiras 'instituições" foram suficientemente referidas até aqui para que se possam entender seus ordenamentos e funções. As três últimas, todavia, carecem de maiores detalhes.

A *secretaria do acampamento* funciona em um barraco específico, geralmente localizado na entrada ou no centro do acampamento. Há sempre um "funcionário" na secretária, recrutado entre os acampados. Simbolicamente, é o nicho de poder no acampamento, num misto de "prefeitura" e "escritório do MST". Na secretaria encontram-se documentos e panfletos do MST, livros e cadastros de acampados. A principal tarefa burocrática é justamente controlar estes cadastros, mormente no que diz respeito à entrada e à saída dos acampados – toda vez que se vai viajar, mesmo que brevemente, é preciso avisar à secretaria –, bem como desistências e novos ingressantes.

A *igreja*, como instituição do acampamento, cumpre diversos papéis. Em primeiro lugar, pode haver mais de uma igreja, embora via de regra exista somente a de orientação católica. Quando há um contingente considerável de evangélicos, ergue-se outro barraco-igreja, em geral mais simples que o erigido pelos fiéis católicos. Assim, a igreja de orientação católica é a referência institucional, não só pela sua magnitude comparativa, mas porque os evangélicos resguardam excessivamente o seu barraco-templo, restringindo sua utilização aos cultos. Portanto, doravante, usaremos o termo igreja para nos referir à igreja católica.

A igreja consiste, geralmente, em uma barraco sem paredes de lona, mobiliado com bancos de madeira e uma mesa que representa o altar. Não há celebração semanal, mas os padres das paróquias vizinhas revezam-se na tentativa de realizar o maior número de missas nos acampamentos.

Na maior parte do tempo, porém, a igreja serve a outros propósitos. Nela realizam-se reuniões, eventos recreativos, recebem-se comitivas de visitantes e, em alguns casos, improvisa-se uma escola.

Isso porque nem todos os acampamentos possuem *escolas*. Em geral, na fase inicial de um acampamento, as crianças matriculam-se em escolas do município, mediante a concordância da prefeitura quanto à cessão de transporte gratuito. Nem sempre as prefeituras concordam em transportar os alunos acampados e, se o fazem no início do acampamento, passados alguns meses começam a interpor obstáculos para a continuidade do acordo, até que retiram o benefício.

Há ainda o problema da evasão, pois as crianças sem-terra facilmente desistem de prosseguir os estudos na cidade, porque são humilhadas e segregadas.[10]

---

[10] Embora não fosse o centro da minha pesquisa, creio que a ausência analítico-descritiva dos aspectos da relação acampamento-cidade é uma infeliz lacuna nessa etnografia

Se o acampamento perdura, um barraco é construído ou utiliza-se um imóvel abandonado pertencente à área ocupada – ou até mesmo, como dito anteriormente, a igreja – para abrigar uma escola. Os professores são enviados pela prefeitura ou pelo próprio MST.[11]

A atividade escolar nos acampamentos, todavia, é pouco prestigiada e de difícil organização, pela falta de recursos materiais e pelas mudanças constantes e incertas que envolvem essa etapa da luta pela terra. Nos assentamentos, já há uma comunidade configurada fixamente, o que facilita o estabelecimento da prática educacional eficaz.

---

dos acampamentos, principalmente no que diz respeito à visão que os citadinos têm dos acampados sem-terra. Sabe-se que, para o senso comum, os sem-terra carregam estigmas que variam de "pobres coitados" a "arruaceiros vagabundos", ambos negativos por representarem, por um lado, a compaixão desdenhosa e, por outro, o conservadorismo reacionário. Algumas professoras da cidade de São Paulo, que trabalham na rede municipal em escolas da periferia, relataram-me que seus alunos pré-adolescentes valiam-se do termo sem-terra para ofender seus colegas. Essa matéria mereceria, certamente, um estudo específico e apurado de estimado valor científico.

[11] O MST vem expandido os seus cursos de formação de professores, por considerar indispensável que a educação dos sem-terra seja realizada por profissionais comprometidos com a Reforma Agrária e com o movimento. Professores da Unesp têm realizado há mais de oito anos um estudo profundo sobre a educação em acampamentos e assentamentos e, hoje, coordenam o Programa Nacional de Educação para a Reforma Agrária (Pronera).

Quadro comparativo entre acampamentos e assentamentos[12]

Aspectos	Assentamentos	Acampamentos
Território	Fixo e determinado (individual e coletivamente)	Provisório e indefinido (individual e coletivamente)
Atividades produtivas	Constantes, baseadas na posse de terra e desenvolvimento da agricultura, com obtenção de renda.	Escassas, compreendendo a manutenção do acampamento e ocasionais serviços assalariados para terceiros.
Sociabilidade	Similar à dos bairros rurais tradicionais, ainda em processo constante de consolidação.	Calcada na "economia de guerra"; solidariedade entrecortada pela prevalência das garantias individuais.
Relação com o MST	Independência relativa, variando de acordo com o grau de controle que o movimento exerce sobre a atividade produtiva e sua organização.	Dependência absoluta, tanto para a sobrevivência material quanto para o êxito na obtenção de terras.
Condição Jurídica	Legal	Ilegal

---

[12] Esse é o esboço de uma classificação compreensiva de aspectos que envolvem os assentamentos e os acampamentos do MST, a fim de realizar uma pequena comparação entre essas duas realidades sociais. Vale notar que poderíamos incluir uma série de outros aspectos neste quadro comparativo, mas como a pesquisa debruça-se essencialmente sobre os acampamentos, seria incauto tecer mais afirmações sobre assentamentos, apenas tomando dados secundários como ponto de partida.

Estudo Antropológico

Um momento de passagem

*Passagens liminares e "liminares" (pessoas em passagem)
não estão aqui nem lá, são um grau intermediário.*

Victor Turner, *O Processo Ritual*

Poucas coisas parecem mais complexas do que o estudo de realidades transitórias. Todavia, a importância das situações liminares é absolutamente reconhecida, em se tratando de uma passagem que carrega o *ethos* do tempo pregresso e convive com as transformações preparatórias rumo ao tempo futuro. É nesse meio do caminho que se inscreve a existência de um acampamento do MST. Em seu estudo sobre os ritos de passagem, Arnold van Gennep (1969) decompõe esses ritos em preliminares (de separação), liminares (margem) e pós-liminares (agregação).[1] O acampamento poderia ser situado nesse estado de liminaridade, configurado por uma etapa em que os acampados foram separados de seu universo social anterior e cumprem normas rituais que os qualificam para uma agregação social futura com características de estabilidade.

Valendo-se desse esquema proposto por Gennep, Victor Turner (1974) desenvolve o conceito de *liminaridade*, apresentando uma série de propriedades concernentes ao estado

---

[1] Edmund Leach (1992, p.113) esboça o mesmo esquema trifásico para os ritos de passagem, valendo-se de terminologias diferentes, agregando uma nova variável, qual seja, a da "normalidade". As etapas seriam: 1) condição "normal" de início, rito de separação; 2) rito de marginalização, condição não normal – privação de estatuto, fora da sociedade e do tempo; 3) rito de associação, condição "normal" final.

liminar, tais como homogeneidade, igualdade, anonímia, ausência de propriedade material etc. Todas apontam para o nivelamento social daqueles que se encontram no interstício do processo ritual, o que nos remete à imagem da base do MST nos acampamentos. Todavia, é no conceito de *communitas*, também fornecido por Turner (1974, p.118-9), que encontramos a melhor tradução para um acampamento do MST em suas dimensões liminares:

> É como se houvesse... dois modelos principais de cor-relacionamento humano, justapostos e alternantes. O primeiro é o da sociedade tomada como um sistema estruturado, diferenciado e freqüentemente hierárquico de posições político-jurídico-econômicas, com muitos tipos de avaliação, separando os homens de acordo com as noções de "mais" ou de "menos". O segundo [a communitas], que surge de maneira evidente no período liminar, é o da sociedade considerada como um "comitatus" não estruturado ou rudimentarmente estruturado e relativamente indiferenciado, uma comunidade, ou mesmo uma comunhão de indivíduos iguais que se submetem em conjunto à autoridade geral dos anciãos rituais.

A *communitas* dos acampados se contrapõe à sociedade global ao mesmo tempo que eles objetivam, futuramente, uma re-inclusão nessa mesma sociedade, alçados a um novo *status*. Para tanto, submetem-se à autoridade do MST, que personifica em seus líderes o poder ritual de condução desse processo.

Dessa forma, os acampamentos podem ser tomados, para o nosso propósito referendado pela discussão acima, como o *momento intersticial* de uma multiplicidade de processos. Para o MST, dentro de sua lógica interna, o acampamento configura a materialização de uma ação rebelde, a ocupação de uma terra desejada. Estabelecer-se nessa terra com um grupo de pessoas egressas de discussões de convencimento, mas, principalmente, pessoas que apostam nessa luta porque não têm mais nada a perder, significa para o MST a conformação de um "exército" apto a servir como instrumento de pressão, enquanto se prepara para de fato transformar-se num grupo social comunitário, compartilhando valores identitários e laços de solidariedade, ratificados pela futura posse e produção da terra.[2]

O acampamento é a passagem que poderíamos considerar *adaptatória* para um grupo que em breve se transformará em grupo de vizinhança permanente. Para os acampados, representa receber uma nova condição, a de ser *sem-terra*, significada no interior dessa coletividade inédita a que eles passam a pertencer. É o momento de re-significar valores, moldando-se à nova realidade, aprofundando-se na nova tarefa de enfrentamento com o poder estabelecido e construindo expectativas para a estabilidade que virá.

Ao contrário, contudo, de se considerar essa transição do *ethos* resignativo camponês para a condição de consciência crítica uma passagem lógica e aparentemente facilmente conclusa e observável,[3] há que se tomar como base de análise as expressões mais penalizantes do acampamento, seja em sua dimensão material mais infra-estrutural seja numa dimensão quase simbólica, superestrutural, relativa à forma de exercício do poder dentro dos acampamentos.

No período de acampamento, há também uma necessidade de que o grupo se sinta, de fato, parte do MST. O projeto

---

[2] Essa é a sucessão de etapas da luta pela terra para o MST, segundo Eliane Rapchan (1993, p.26): "Os grupos formados no seio do MST ... cumpriram um conjunto de etapas até chegarem à condição de assentamento: a) as reuniões que visavam formação, reflexão e organização; b) a ocupação caracterizada pelo acampamento e c) o assentamento propriamente dito. Via de regra, tais etapas são obedecidas sempre que um grupo se mobiliza para o acesso à terra através de vínculo com o MST".

[3] Essa é uma constatação parcialmente crítica às proposições de Luís Inácio Gaiger (1995, 1996) e Bernardo Mançano Fernandes (1994). O processo de substituição de valores que conduzem à subordinação por valores críticos que incitem à contestação e gerem uma consciência crítica da realidade nos sujeitos integrantes do MST se dá, realmente, mas numa proporção pequena. De fato, alguns membros de um determinado grupo despontam como militantes médios do movimento. Isso ficará mais claro quando tratarmos da hierarquia interna do MST.

de produção da terra que o movimento advoga necessita que haja disposição, por parte dos recém-assentados, de conformarem uma cooperativa, que por sua vez será administrada com base em um projeto modernizador das relações de produção no meio rural.[4] Isso significa uma alteração marcante com relação à forma tradicional de cultivar a terra, além de chocar-se com alguns valores tradicionais do patrimônio. Parece, à primeira vista, que, em se tratando de coletivizar o trabalho, os sem-terra consideram haver uma grande diferença entre ser sócio de uma cota da cooperativa e trabalhar cantando nos antigos mutirões.

Vejamos, ainda que superficialmente, as diferentes sociabilidades subjacentes a esses dois tipos de trabalho coletivo. Antonio Candido (1987, p.68) nos informa que o mutirão

> consiste essencialmente na reunião de vizinhos, convocados por um deles, a fim de ajudá-lo a efetuar determinado trabalho (...). Geralmente os vizinhos são convocados e o beneficiário lhes oferece alimento e uma festa, que encerra o trabalho. Não há remuneração direta de espécie alguma, a não ser a obrigação moral em que fica o beneficiário de corresponder aos chamados eventuais dos que o auxiliaram.

Já em Zander Navarro (1995, p.38), encontramos as seguintes afirmações sobre uma cooperativa:

> é exatamente o caso (...) de saídas da cooperativa acompanhadas de conflitos de longa duração e que, não raro acabaram por gerar processos judiciais. Neste caso, os que saem não assumem

---

[4] O MST, ao referir-se ao sistema cooperativista que propõe, opta claramente por um processo de desenvolvimento rural alavancado por "formas modernas" de produção agrícola; para tanto, torna-se necessário ampliar "a produção, em maior escala, de produtos agropecuários e agroindustrializados que viabilizem os assentamentos (...), desenvolver a mecanização agrícola, buscando o aumento da produtividade de trabalho e o melhor aproveitamento das áreas (...), estimular, através da cooperação agrícola, a apropriação de tecnologia disponível e adequada, a mecanização de todas as atividades possíveis, aumentando a escala de produção" (MST, 1991, apud Navarro, 1995, p.15).

seus compromissos – por exemplo, suas responsabilidades proporcionais no perfil da dívida da cooperativa – enquanto a pendência não for resolvida, seja por negociações diretas, seja por via judicial.

Esse tema da transformação ou substituição de antigos valores camponeses em novos valores impressos no grupo pelo MST estaria meio deslocado se fosse tomado *ipsis literis*, mas nesse caso, justifica-se pela contextualização da trajetória dos acampados. No Estado de São Paulo, a grande maioria das pessoas que vão para o movimento já teve uma experiência urbana. Embora sua origem seja rural, quase todos já trabalharam nas cidades ou nelas residiram enquanto trabalhavam como bóia-frias.

Geralmente, há uma intercalação de atividades, regida pelo calendário de trabalho temporário. Nas épocas de colheita, mesmo morando nas periferias das cidades, os agora sem-terra trabalhavam na roça. Quando o trabalho rural se findava, buscavam algum posto na cidade, geralmente em tarefas domésticas, no caso das mulheres, e na construção civil, para os homens.

Vê-se, portanto, que os sem-terra paulistas possuem uma matriz de significados, um *ethos* próprio carregado de uma miscelânea de referências rurais e urbanas que não permite que sejam tratados, por exemplo, como camponeses tradicionais.[5] Além disso, os sem-terra estão longe de preencher os requisitos que poderiam afiançá-los como detentores de uma cultura camponesa em suas definições mais clássicas.[6]

---

[5] Sobre o conceito de "camponês", ver Moura (1986) e Shanin (1980). Neste último, encontramos uma brilhante discussão sobre "a definição de camponês", na tentativa de desmistificar a unicidade economicista-produtiva dessa categoria e defender a força política do termo em questão. Note-se que o MST não utiliza o termo "camponês sem-terra" em sua autodenominação, substituindo-o por um conceito moderno-burguês: trabalhador.

[6] Antonio Candido (1987, p.83), por exemplo, apresenta os seguintes aspectos como característicos da "cultura caipira": "1) isolamento; 2) posse de terras; 3) trabalho

Em relação à experiência urbana dos acampados, pode-se dizer que ela é, muitas vezes, significada ambiguamente. Por um lado, o *trabalho* nas cidades é negativamente concebido, remetendo à falta de liberdade, à competição acirrada por uma ocupação, à impossibilidade de amealhar um patrimônio devido aos baixos salários. Contrasta, então, com a valorização do trabalho agrícola independente que, se não vier a proporcionar lucro e prosperidade, ao menos garantirá a subsistência. Por outro, o *viver* na cidade é tomado pelos acampados como uma condição ideal(izada), pois eles se colocam no papel de consumidores de um estilo de vida moderno. Muitos lamentam os bens de consumo (aparelhos de som, televisão, fogão, geladeira etc.) adquiridos e perdidos no processo de triunfo e queda proporcionados pela estadia nas cidades. Nesse ponto, confundem-se os anseios básicos de sobrevivência e os deslumbramentos do consumo, e o "fantasma" da vida pauperizada no campo assusta.[7]

Fundamentalmente, o complexo emaranhado de interpretações sobre a vida rural e a urbana é fruto da variedade de migrações[8] e conseqüentes mudanças de ocupação por que

---

doméstico; 4) auxílio vicinal; 5) disponibilidade de terras; 6) margem de lazer". Sobre a definição clássica de campesinato na antropologia, ver Crossan (1994, especialmente o capítulo 7).

[7] O estereótipo da "pauperização" da vida no meio rural brasileiro pode ser encontrado, por exemplo, encarnado no personagem de Monteiro Lobato, Jeca Tatu, ignorante e sempre adoentado, vivendo em condições de "atraso absoluto". E, embora possa haver um certo apelo idílico ao tratar-se do modo de vida camponês, caracterizando o homem do campo pela sua integração com a natureza, pela displicência perante as categorias modernas de excedente e lucro, há de se levar em conta que, em muitos rincões do país, o homem do campo vive em condições precárias, abaixo da linha de subsistência. ao mesmo tempo que pequenos produtores de diversas regiões do país (região Sul, certas áreas do interior paulista e sul de Minas Gerais, por exemplo) firmaram-se na condição de consumidores e integram-se cada vez mais ao modo de vida urbano-capitalista.

[8] Em geral, os acampados são migrantes "inveterados". Raramente encontram-se casos de uma única migração anterior ao ingresso no MST. Infelizmente, não há ainda

passaram esses acampados, bem como de sua incorporação tangencial ao mercado consumidor. As idas e vindas entre cidades e estados diferentes, os sucessivos e descontínuos empregos rurais e urbanos desencadeiam um desapego a valores únicos e solidificados, gestando um *ethos* específico, incapaz de se enquadrar na tradição camponesa ou na caraterização clássica do proletariado moderno.

Ademais, a lembrança do modo de vida no campo não se configura como nostalgia positiva, pois muitos dos acampados a vivenciaram já sob o jugo do dono da terra, se não apenas a conhecem pelos relatos de seus pais e avós. A cidade, por sua vez, não os integrou em sua classe média assalariada; ao contrário, lançou-os aos setores mais baixos e desprezados do processo produtivo e/ou à economia informal. Ainda assim, incutiu em seu imaginário o desejo de obter o *status* de cidadão-consumidor, condição à qual o estabelecimento no meio rural poderia impedi-los de atingir, daí um certo receio em tornar-se "homens do campo".

Essa indefinição identitária, expressão da liminaridade, é a marca dos acampados, que, provisoriamente, fazem uso da condição de sem-terra, contentando-se em reconhecerem-se como parte de um grupo, estranho aos seus valores subjetivos, mas plenamente aceitável ante o estado de marginalidade em que vivem. Buscando melhores meios materiais de garantir sua sobrevivência, buscam também uma redefinição de seu estatuto dentro da e perante a sociedade. Ou, para usar a conclusão de Eliane S. Rapchan (1993, p.204) sobre os sem-terra:

---

uma pesquisa sobre fluxos migratórios que contemple os diversos pontos de seção entre o início e o momento atual da trajetória. Embora seja tarefa imprescindível para auxiliar a compreensão do quadro migratório no país, tal pesquisa encontraria grandes obstáculos em sua realização, visto que, geralmente, os dados disponíveis para análise resumem-se ao local de nascimento e ao registro de chegada em determinada localidade.

É a construção da pessoa, instalada no devir, que é capaz de ... apontar respostas que transcendem os interesses puramente econômicos, ou puramente políticos e que é, de alguma forma, capaz de explicar o intrincado universo de motivações capazes de deslocar estas pessoas – hoje Sem Terras – das periferias urbanas e levá-las a lançarem-se numa luta, que não terminou, contra a própria destruição de sua dignidade ... Dilemáticos, plurais, híbridos – capazes, contudo, talvez, de se reproduzirem – produtos e produtores de uma extensa superposição de experiências, os Sem Terra são, hoje, até para si mesmos, ainda, uma grande interrogação.

Processo histórico em curso

Considerada do ponto de vista de uma formação econômica superior da sociedade, a propriedade de alguns indivíduos sobre a terra parecerá algo tão monstruoso como a propriedade privada de um homem sobre seu semelhante.

Karl Marx, *O capital*

Podemos ainda pensar o acampamento – macrodimensionando a sua condição liminar – como um marco entre uma história nacional de profunda concentração fundiária e a esperança de uma reforma agrária renovadora da condição social dos despossuídos do país.

Os dados estatísticos mais recentes sobre a estrutura fundiária brasileira denotam a injustiça deflagrada na apropriação e utilização da terra, como demonstrado na tabela da página seguinte.

Tabela 1- Estrutura fundiária brasileira

Tamanho da propriedade (ha)	N.º de imóveis	% (*)	Área total (ha)
Menos de 10	994.736	31,9	4.615.909
10 a menos de 50	1.345.043	43,1	31.276.293
50 a menos de 100	336.368	10,7	23.391.447
100 a menos de 1.000	393.615	12,6	106.323.697
1.000 a menos de 10.000	37.976	1,3	100.852.604
10.000 a menos de 100.000	1.905	- 0,0	40.856.386
100.000 e mais	75	- 0,0	24.047.669
Total	3.114.898	100	331.364.012

(Fonte: Incra/SNCR – recadastramento 1992, in *Atlas Fundiário*, 1996)
(*) Porcentagem de imóveis especificados em relação ao total de imóveis existentes.

Analisando a Tabela 1, temos que 75 propriedades rurais de grande porte (área superior a cem mil hectares) ocupam 24 milhões de hectares – suficientes para assentar cerca de um milhão e quinhentas mil famílias sem-terra –, representando menos de 0,002% do número total de imóveis rurais existentes. Por sua vez, os dois milhões e trezentos mil imóveis rurais com menos de cinqüenta hectares (75% do total) controlam apenas 35 milhões de hectares.

Não obstante o preâmbulo esclarecedor, para entender o surgimento da categoria sem-terra, é preciso recuar no tempo e procurar as causas geradoras de uma massa crescente de pessoas alijadas das condições de trabalho na terra ou na cidade. A expulsão do homem do campo e suas conseqüências sociais certamente são fenômenos esclarecedores dessa tentativa contemporânea de voltar à terra, quase como em um processo de vingança mítica consubstanciada em ação política.

De fato, desde que a Lei de Terras de 1850 instituiu a forma jurídica de apropriação privada da terra e delimitou o acesso à ela pelo poder de compra,[9] o latifúndio tomou conta do território nacional, concentrando o domínio das terras nas mãos de poucos e despojando os que não pertencem à elite terratenente da posse da terra.

Alguns fenômenos, como a alta do preço de açúcar no pós-guerra e a crise do café nos anos 50, nos mostram como o grande proprietário manipula o acesso dos trabalhadores à terra, destituindo-os dela sempre que necessário. Diz Martins (1990, p.66) sobre a cana-de-açúcar:

> É justamente a cana-de-açúcar no Nordeste que nos mostra com mais clareza o processo do camponês ao longo da história brasileira: agregado marginal do regime de trabalho escravo, ocupado ocasionalmente no trabalho da cana-de-açúcar, passa ao lugar principal com o fim da escravidão, como morador de condição, para, à medida que a condição aumenta e que seu trabalho gratuito ou barato na cana é a renda que paga pela terra em que planta a sua subsistência, ir aos poucos se convertendo em assalariado.

Ainda em Martins (1990, p.66-7), temos a indicação dos efeitos da crise do café sobre os camponeses:

> A política do desestímulo ao café acabou levando a uma política de erradicação dos cafezais ... Essa área foi em grande parte ocupada por pastagens, em parte por outros produtos ... Isso significou maciça expulsão de colonos ... que foram engrossar a massa de trabalhadores volantes, os chamados "bóias-frias", moradores dos bairros pobres das cidades do interior,

---

[9] a) Na verdade, a Lei de Terras ratifica o monopólio sobre a terra obtido pelos grandes fazendeiros já no regime de sesmarias, mas modifica o caráter da legitimação da posse. Em Martins (1990, p.33) temos: "esse era o processo de obtenção de sesmarias: o futuro sesmeiro ocupava antes a terra, abria a sua fazenda e só assim se credenciava para obter a concessão e a legitimação da sesmaria. *O emprego útil da terra* era a base da legitimação" (grifo nosso); b) Sobre os efeitos adversos ao próprio interesse da Coroa gerados pela Lei da Terras, que favoreceram ainda mais a concentração de terras nas mãos dos coronéis, ver Lígia Osório Silva (1996).

convertidos em trabalhadores temporários na agricultura. Ou se deslocarem para a região da capital, para trabalhar na indústria como operários ou em serviços e pequeno comércio.

Com efeito, a expulsão do camponês de suas terras e, em última instância, da possibilidade de trabalhar a terra foi perpetrada ao longo da história pelos interesses do capital, principalmente nos últimos trinta anos. O famoso êxodo rural representou a transformação de famílias camponesas em mão-de-obra para a indústria, ansiosa pelo seu "milagre econômico".

As terras vão sendo apropriadas por grandes grupos econômicos estrangeiros, nacionais ou mistos. O quadro de concentração fundiária se agrava de maneira alarmante. Se não, vejamos:

Tabela 2- Cinco maiores grupos industriais que possuem latifúndios no Brasil

Empresa	Área total (ha)	Área utilizada
Manasa/ Cifec	4.160.658	51.222
Antunes/ Caemi	2.240.485	8.579
Votorantim	497.566	188.578
Klabin	522.984	321.526
Ometto	438.715	183.525

(Fonte: PACS/Cenpla/Mirad, 1987)

Tabela 3- Cinco maiores grupos agropecuários que possuem latifúndios no Brasil

Empresa	Área total (ha)	Área utilizada
Cotriguaçu	1.611.757	0
Moraes Mad	668.280	200.784
Ingeco	599.669	171.041
Agroind. Amapá	540.613	118.287
Mad. São João	392.967	0

(Fonte: PACS/Cenpla/Mirad, 1987)

Tabela 4- Cinco maiores grupos financeiros que possuem latifúndios no Brasil

Empresa	Área total (ha)	Área utilizada
Aplub	2.279.073	900
Bradesco	893.224	335.689
Bamerindus	254.410	85.917
Bueno Vidigal	240.651	87.671
Denasa	156.083	307

(Fonte: PACS/Cenpla/Mirad, 1987)

A contabilidade geral da apropriação de terras pelo grande capital, contabilizando mais dados que os apresentados nas tabelas, e mantida a mesma fonte, conduz a uma área total superior a 22 milhões e cem mil hectares, da qual se utilizam apenas três milhões e setecentos mil hectares.[10]

Essa aliança entre capital e propriedade da terra, chamada por Martins (1994) de a "aliança do atraso" concretizou-se em termos políticos com eficiência para manter o poder nas mãos de uma oligarquia concentradora de terras. No plano econômico, constituiu uma tentativa de modernização do setor agrícola financiada pelos incentivos estatais que criaram uma série de projetos voltados mais à exportação e à exploração de recursos naturais.

Fernandes (1994, p.25) explicita a situação dos lavradores ante esse processo "modernizador", levado a cabo mediante subsídios governamentais e enorme repressão aos movimentos de resistência:

---

[10] Embora os dados apresentados estejam um pouco defasados temporalmente, possibilitando mesmo que algumas das empresas listadas nem mesmo ainda exista, temos clareza que o processo de fusão de capitais, hoje mais que nunca um imperativo da nova ordem financeira global, aponta em direção a um maior controle de terras pelos capitalistas, não como propriedades produtivas, mas como "reserva de valor". Portanto, as tabelas seguramente refletem, se não com precisão, ao menos como indicativo, o amplo controle do capital sobre as terras agricultáveis do país.

Esse processo [implantação da política agrária modernizante] intensificou a concentração de terras e a expropriação dos lavradores que, impossibilitados de reproduzir a agricultura familiar, migraram em direção à Amazônia e em maior número para as cidades ... Durante as duas décadas em que os governos militares estiveram no poder, garantiram a apropriação, por grandes grupos empresariais, de imensas áreas de terra e também o aumento do número e da extensão dos latifúndios. Financiaram as mudanças na base técnica de produção, a partir dos incentivos criados e do crédito subsidiado pela sua política agrícola. Proporcionaram assim a "modernização" da agricultura e a territorialização do capital no campo. Do outro lado, reprimiram toda e qualquer luta de resistência a sua política.

Houve, certamente, um aumento do assalariamento rural, mas não a instauração de um regime de produção nos moldes das grandes agroindústrias capitalistas. Algumas formas de extração da renda da terra consideradas pré-capitalistas foram mantidas, como o arrendamento, a parceria, e outras quase feudais, como a utilização de mão-de-obra semi-escrava, presa pelo endividamento no "barracão".[11] Também a manutenção da pequena agricultura familiar tem se transformado numa estratégia de reprodução do capital, representada pela parceria entre indústrias de transformação e os pequenos proprietários rurais, na qual, estes últimos, são sempre os sócios menores. Como aponta Oliveira (1986, p.83):

Como tendência, o capital tende a impor as relações de trabalho assalariado a todas as atividades econômicas, mas isto é a tendência. A sua lógica contraditória, entretanto, supõe e pressupõe a criação e recriação daquilo que na aparência pode ser historicamente superado ou adiantado ... No entanto, é da sua

---

[11] Não se trata aqui de querer fazer a discussão clássica sobre renda da terra, mas apenas de apontar uma relação do homem com a terra mediada pelo capital que explica como a terra passa a ser "terra de negócio" em oposição à "terra de trabalho" (ver Martins, 1991, p.43-60).

lógica este processo contraditório de gerar aquilo que deveria destruir e construir aquilo que será a sua própria superação.

Não obstante essa contradição expressa pelas formas não-capitalistas de renda da terra, foi em nome dessa necessidade imperiosa do capital de se apoderar de tudo, inclusive da terra, que um grande número de camponeses foi sistematicamente arrancado de suas moradias e transformado em trabalhador rural. Mas, essa trabalho rural, além de na maioria das vezes ser temporário, está sendo continuamente destruído por força da modernização agrícola, ou seja, do crescente uso de maquinários que reduzem o contingente necessário de trabalho humano no meio rural.

O próprio surgimento do MST, no Sul do país, decorre diretamente das políticas agrárias conduzidas pela "aliança do atraso". A propósito, Medeiros (1989, p.147) relata uma das experiências mais significativas que originaram o movimento:

> foi a exclusão de todo um conjunto de trabalhadores do processo de modernização pelo qual passou a agricultura do Sul do país e que resultou na impossibilidade de reprodução social de setores de pequenos agricultores familiares. A crescente dificuldade em dividir os já pequenos lotes ou de comprar novas terras na própria região, tendo em vista o progressivo caráter empresarial que essa agricultura assumia e os altos preços da terra, gerou contingentes de trabalhadores precariamente integrados na produção.

Essa realidade, aliada ao crescimento da taxa média de desemprego urbano em todo país, é a responsável pela massa humana que ingressa no MST. Para corroborar esse argumento, vejamos os números do crescimento da taxa média de desemprego na Grande São Paulo, entre 1994 e 2003:

Tabela 5 – Taxa média de desemprego total na
Grande São Paulo (%) – 1994-2003[12]

1994	1995	1996	1997	1998
14,2	13,2	15,1	16	18,2
1999	2000	2001	2002	2003
19,3	17,6	17,6	19	19,9

(Fonte: Pesquisa Emprego-Desemprego-SP, Dieese/Seade)

É relevante notar, ainda, que o crescimento do desemprego urbano não atinge somente a Grande São Paulo, mas também o interior do Estado. Dados extraídos da Pesquisa sobre Condições de Vida – 1998, realizada pela Fundação Seade, demonstram que a taxa média de desemprego total no interior de São Paulo saltou de 12,1%, em 1994, para 15,6%, em 1998.

As decorrências desses múltiplos processos de exclusão, consubstanciadas em espoliação humana, geram um contingente de indivíduos à margem da sociedade. Uma parcela destes, movidos por um resto de esperança, ingressam no MST, propiciando o crescimento e a consolidação do movimento, organizado hoje em 22 estados da federação. De fato, os propósitos do MST se localizam exatamente na contramão desse processo linear, aparentemente calcificado, de concentração fundiária, apontando para a desmistificação da tão propalada tese do "fim da história". É nesse cenário de enfrentamento com a estrutura estabelecida, não mais de simples resistência, mas de ação transformadora, que podemos vislumbrar na aparente pequenez de um acampamento a transição para uma nova realidade social, talvez mais abrangente que apenas a democratização do acesso à terra.

---

[12] Estes são os dados do desemprego total, ou seja, o cômputo do desemprego aberto e do oculto.

O movimento: formas de organização e convicções políticas manifestas

Desde o início tivemos clareza do que queríamos e definimos nossos objetivos a alcançar ... 1º. Lutar pela Terra para quem nela trabalha; 2º. Lutar por uma Reforma Agrária, que significa terra para todos, uma política agrícola voltada para todos os trabalhadores rurais, pequenos agricultores, etc., e um modelo de desenvolvimento agrícola auto-sustentável; 3º. Lutar por uma sociedade justa e igualitária, sem explorados nem exploradores.

Cartilha de preparação ao III Congresso do MST, 1995

O MST, fundado formalmente no I Congresso Nacional dos Trabalhadores Sem-Terra, realizado em janeiro de 1985 em Curitiba (PR), constituiu a síntese das novas formas de luta pela terra possibilitadas pelo processo gradual de abertura política da ditadura militar e incentivadas pela ala progressista da Igreja católica pós-Medellin e Puebla.[13] Naquele período, havia o ânimo trazido pelas grandes lutas sindicais no ABC paulista, eclodidas em 1978, bem como o novo ascenso das lutas no meio rural, herdadas das Ligas Camponesas, em Pernambuco, ainda que estas fossem traduzidas nas ações sindicais (cf. Sigaud, 1980).

As lutas que marcam o início da história do MST espalhavam-se timidamente pelo país: a ocupação das glebas Macali e Brilhante em Ronda Alta (RS) (1979), a ocupação da fazenda Burro Branco em Campo-Erê (SC), o conflito entre as mais de dez mil famílias que tiveram suas terras inundadas com a construção das barragens de Itaipu no Estado do Paraná

---

[13] Em 1968, acontece a II Conferência Geral do Episcopado Latino-americano em Medellín, Colômbia, na qual os religiosos presentes defendem a opção da Igreja pelos pobres e pela luta contra as injustiças sociais. Em 1979, a III Conferência, em Puebla, México, ratifica esta posição.

(1980), a luta dos posseiros da fazenda Primavera em São Paulo, a resistência dos trabalhadores rurais arrendatários para permanecer na terra em Naviraí e Glória dos Dourados (MS) (1980), além de outra lutas que ocorriam nos estados da Bahia, Rio de Janeiro e Goiás.

Dessas múltiplas experiências, surge a necessidade de construir uma nova forma de organização social que respondesse aos anseios dos sujeitos diretamente envolvidos na luta pela terra. A Igreja, o "novo sindicalismo" cutista e o Partido dos Trabalhadores eram os principais agentes mediadores dessa luta, mas obedeciam aos limites de suas estruturas, pois não eram os sujeitos realizadores desse processo.

Assim, o MST surge como um movimento genuíno, ainda que com influências externas, pois em seus quadros dirigentes não há quem não tenha sido um lavrador expropriado, um trabalhador rural despedido, ou seja, necessariamente todos passaram pela condição "sem-terra".

Ao assumir o papel de movimento social reivindicatório, o MST estabeleceu uma estrutura de organização e funcionamento que possui fóruns de decisão determinados, divisão de tarefas definidas em setores e quadros públicos responsáveis pela articulação do movimento com outras instâncias da sociedade, com a imprensa e o governo.[14] Como analisou Rapchan (1993, p.16-7),

> o MST funciona como uma instituição ... Tem objetivos e metas bem determinados, já possui uma estrutura burocrática, estabelece uma padronização de ações e valores ... Neste sentido, ele determina objetivos mediados pela racionalidade ... pauta-se de modo significativo, na lógica da moral política.

---

[14] A ausência do organograma político geral do MST justifica-se pelo fato de não consistir em fator determinante para nenhum dos tópicos centrais deste trabalho.

O fato de o MST cada vez mais surgir como interlocutor do governo nas questões relativas à Reforma Agrária, alcançando um âmbito mais abrangente que as meras disputas regionais, reforça a necessidade de o Movimento agir centralizadamente, de acordo com estratégias definidas e suas táticas apropriadas.

Com efeito, essa lógica política está presente nos militantes mais antigos do MST que hoje são seus coordenadores. A formação dada a esses militantes por agentes da Pastoral da Terra ou por intelectuais de partidos de esquerda primava pelas leituras de clássicos políticos, principalmente as obras de Vladimir Lenin, Che Guevara e outros ilustres desconhecidos, teóricos da revolução latina.

Embora, contudo, o MST possua um discurso interno pautado pela reivindicação do socialismo e apareça atualmente, pelas suas ações, como o setor organizado dos extratos dominados mais crítico aos projetos do governo, suplantando o peso das quase inexistentes manifestações sindicais urbanas, ele acalenta um projeto claro de Reforma Agrária, embasado em caracterizações de ordem econômica presas à lógica do sistema capitalista. Talvez por isso trate questões regionais de maneira menos afinada com a linha política geral que apregoa.

Nas últimas eleições para prefeitos e vereadores (1996), o MST apoiou maciçamente os candidatos do PT, o que não impediu, contudo, que candidatos do PFL ou do PPB também fossem apoiados pelo movimento. Ocorre que muitos prefeitos e vereadores de pequenas cidades próximas a acampamentos e assentamentos, membros de partidos localizados "à direita" no espectro partidário do cenário político nacional, incentivam a Reforma Agrária e apoiam o MST porque vêem os sem-terra como responsáveis por futuros índices de crescimento econômico nos seus municípios, principalmente no que diz respeito ao comércio local.

Assim, discurso e prática não estão necessariamente vinculados no MST. Defende-se o socialismo, realizam-se campanhas de solidariedade às lutas sindicais até contra o governo norte-americano,[15] promovem-se atos contra o neoliberalismo, mas não se mantêm princípios fixos de alianças exclusivas com partidos de esquerda que apóiam genérica e abertamente a Reforma Agrária.

O *Jornal dos Trabalhadores Rurais Sem-Terra* (JST) é o principal veículo de propagação das posições políticas do MST. Os editoriais referem-se sempre à morosidade e falta de vontade política dos governos na resolução da questão agrária. Há entrevistas com intelectuais, seção internacional, informações sobre outras lutas populares, além das novidades sobre as ações do MST em todo o país. O movimento orienta todas as coordenações de acampamentos e assentamentos a utilizarem o JST como instrumento de debate nas reuniões, a fim de que as posições do MST sejam conhecidas pelo conjunto dos sem-terra.

Além do JST, há outros veículos de expressão do pensamento político do MST externa e internamente: as palavras de ordem, os boletins estaduais, as cartas abertas, os panfletos, cartazes e similares.

Hierarquia, poder e submissão

Ora, um homem, que se faz escravo de um outro, não se dá; quando muito, vende-se pela subsistência.

Rousseau, *Do contrato social*

As lideranças do MST são todas oriundas da luta pela terra e tiveram passagem orgânica pela situação de sem-terra, no

---
[15] No III Congresso Nacional dos Trabalhadores Rurais Sem-Terra, procedeu-se a uma campanha em solidariedade ao sindicalista norte-americano Mark Curtis, condenado a 25 anos de prisão por atividades ditas subversivas, a partir de uma coleta de assinaturas em carta dirigida ao presidente Bill Clinton e entregue na embaixada daquele país.

que diz respeito tanto à situação material quanto à socialização dentro do movimento. Segundo Grzybowski (1991, p.22-3, 56), o critério material para definir o sem-terra vem da não-propriedade da terra pelos que dela dependem para trabalhar. Nesse sentido, são sem-terra os arrendatários, parceiros, meeiros, ocupantes, posseiros, assalariados – permanentes ou temporários – e agregados. Mas há o critério de identificação do sem-terra como sujeito social, ou seja, o sem-terra que é membro de um sujeito coletivo personificado pelo MST.

Nesse processo transicional de uma categoria genérica para um categoria restrita, as lideranças se constroem por meio de suas características pessoais – carisma, capacidade de iniciativa, reconhecimento dos companheiros – e de sua disponibilidade. Os sem-terra que assumem posições de liderança, ocupando cargos de responsabilidade no organograma do MST, passam por cursos de formação política promovidos pelo movimento, participam de reuniões constantes e são cobrados coletivamente pelos seus atos.

Os chamados cursos de militância básicos buscam passar aos participantes noções de economia e política, mecanismos de organização coletiva, o histórico das lutas no campo e da formação do MST. Esse estrato médio da militância participa, também, de Encontros Estaduais – bienais – e dos Congressos Nacionais – qüinqüenais – do MST.[16] Nesses eventos, os militantes do "segundo escalão", que participam na condição de delegados, têm a oportunidade de integrarem-se com mais solidez ao movimento, em virtude do convencimento ideológico

---

[16] Na cartilha de preparação para o III Congresso Nacional do MST, realizado em Brasília em julho de 1995, há um item intitulado "Como escolher os delegados", no qual a coordenação nacional do movimento recomenda que a escolha dos delegados seja norteada por uma série de critérios. Um dos pontos sugere "que os delegados escolhidos tenham alguma atividade concreta no Movimento. Sejam membros da direção do assentamento, pertençam a algum setor. Enfim, já tenham um militância comprovada". Em outro tópico da cartilha, afirma-se que uma das funções do Congresso é formar politicamente os delegados.

suscitado por grupos de discussão, preleções de líderes sindicais e religiosos e pela movimentação constante, expressa pelas passeatas, pelas palavras de ordem incansavelmente entoadas.

O mecanismo mais comum de acesso à condição de militante médio está disposto nos primórdios do ingresso no movimento. Quando se realiza uma ocupação e, conseqüentemente, levanta-se um acampamento, as famílias participantes são divididas em grupos. Cada grupo elege o seu coordenador, que por sua vez fará parte da Coordenação Geral do acampamento, encabeçada pela liderança orgânica do MST ali presente para organizar o acampamento. Geralmente são esses coordenadores de grupo, particularmente os que permanecem na tarefa durante longo tempo e adquirem respeito perante seu grupo, os convidados a participarem dos cursos de formação.

Estabelece-se, então, um segmento intermediário na estratificação do acampamento. Essa militância intermediária que vai sendo formada estabelece uma relação mais próxima com o líder formal e é incentivada por este a distinguir-se dos demais, usando de sua autoridade e respeitabilidade.

Os "demais", no caso, são todos os outros sem-terra que não ocupam uma atividade de responsabilidade dentro do acampamento. Sua participação restringe-se aos revezamentos na segurança do acampamento e a atividades extras para as quais são esporadicamente convocados. É esse estrato que conforma a base do acampamento.

Se há a caracterização de que o grupo social que compõe o acampamento é estratificado, significa que ali existem relações de poder calcadas em uma lógica hierárquica e posições desiguais dos indivíduos. Em Balandier (1987, p.85), encontra-se a afirmação de que "o poder – enquanto necessidade lógica – resulta das dissimetrias que afetam as relações sociais, apesar destas dissimetrias criarem o desvio diferencial necessário ao funcionamento da sociedade".

Em se tratando, porém, de um grupo social que não tem identidade étnica, nem território definido, nem formas de hierarquia e exercício de poder tradicionalmente definidos por categorias míticas ou por autoridade geracional, a análise das relações de poder deve corresponder aos aspectos visíveis da relação dominação-subordinação dentro do grupo.

O relato dos acampados sobre o almoxarifado, local onde se guardam os alimentos e as roupas doados para o acampamento e destinados à divisão entre todos, revela um tipo de privilégio tolerado pela liderança, uma espécie de compadrio rural distorcido, no qual os responsáveis por cuidar do almoxarifado aproveitam-se da tarefa e do livre-acesso aos bens coletivos para escolher o que há de melhor nas doações e repassar as suas aquisições para sua família, parentes ou amigos mais próximos.[17] Por isso, passam a ser odiados por uns – os que não fazem parte do seu grupo de relacionamento mais íntimo – e amados por outros – os que se beneficiaram da "pilhagem". É comum ver grupos de acampados pedindo às visitas que chegam carregadas de doações para que não as entreguem no almoxarifado, mas que realizem elas próprias a divisão das roupas e dos alimentos entre os acampados, pois se não muitos não chegarão a ver o que foi doado.

Esse tipo de atitude é acompanhado do pedido clamoroso dos acampados para que os doadores não revelem a ninguém essa "interceptação" desejada dos bens doados. O medo de que as críticas cheguem ao ouvido da liderança ou dos militantes é justificado pela ameaça de expulsão.

O caso do julgamento por furto de alimentos demonstra o crime por excelência no acampamento. A reação de indig-

---

[17] Conforme vimos anteriormente, há uma disputa por alimentos específicos – geralmente industrializados – que chegam ao acampamento em menor quantidade. Esse desejo de fugir da rotina alimentar pode ser comparado à fome psíquica que Cândido (1987, p.195) constatou existir entre as comunidades caipiras privadas de alimentos valorizados como pão, carne e leite. É comum ouvir nos acampamentos – principalmente vindas de crianças – manifestações de "vontades" alimentares relativas a refrigerantes, chocolates, iogurtes, dentre outros.

nação despertada pela pretensão de se "acumular" individualmente mais alimentos do que o determinado pela regra de divisão social dos víveres, evoca a idéia de incesto social, à qual se refere Lévi-Strauss (1976, p.98):

> O ato do homem ou da mulher que ... comesse em segredo os pratos de cerimônia sem oferecer uma parte deles, provocaria em seus parentes próximos sentimentos que poderiam ser ... de ironia, de zombaria, desgosto, desprezo e mesmo eventualmente cólera. ... Nesta realização individual de um ato que normalmente exige a participação coletiva, parece que o grupo percebe confusamente uma espécie de incesto social.

Assim sendo, como esse tipo de ocorrência é passível de condenação coletiva absoluta, a liderança e a coordenação são louvadas por terem usado de sua *autoridade* para expulsar o elemento inconveniente e baderneiro. Todavia, as críticas com relação à condução do acampamento, à falta de ocupações e à "moleza" da liderança aparecem como o delito que indica tentativa de "rachar" o acampamento; a expulsão vinha na certa, mas parecia pairar uma dúvida a respeito da *legitimidade* da pena.

Entende-se, portanto, que a autoridade do líder é reconhecida quando há um sentimento compartilhado pela totalidade do grupo, sustentado por interesses ideais ou materiais, que permite a identificação de um delito como tal. O líder torna-se, nesse caso, o mediador imbuído de capacidade única de julgamento e proteção. Mas o seu poder emana justamente do aspecto que é considerado autoritário, qual seja, a prerrogativa da punição desencadeada pela intolerância à crítica.

Configura-se, dessa forma, um exercício de poder coercitivo legitimado, nas situações em que ele se apresenta como regulador da ordem social; e temido, mas desautorizado, quando se refere à repressão do direito de que se faça críticas a ele próprio. O furto é passível de punição máxima, consentida e legitimada, porque, se não controlado, atenta contra a necessidade de sobrevivência material dos indivíduos; mas a mesma punição, relacionada a um delito só reconhecido pelo líder, é injustificada, porque condena ao silêncio resignativo.

O medo da expulsão pode ser explicado pela expectativa que a permanência no acampamento engendra. As famílias que optaram por submeter-se às péssimas condições materiais vigentes nessa etapa da luta assim o fizeram por não ter muito mais a perder. O acampamento representa a esperança de um pedaço de terra, de uma condição autônoma de trabalho, de um patrimônio a ser deixado para os filhos. Sair de lá representa a volta ao nada, à falta de perspectiva, ao trabalho assalariado ou ao desemprego. Criar qualquer desavença com o líder ou o seu grupo representa a possibilidade quase certa de ter que parar de sonhar.

Essa situação evoca uma relação de poder semelhante à estabelecida entre patrões e empregados. Não se questiona, não se pede aumento de salário, pois a ameaça de perder o emprego é patente: depende do patrão.

Não obstante o julgamento referido anteriormente ter culminado na expulsão do "ladrão de feijão", estava presente ali um fato concreto de desrespeito às normas do acampamento; a permanência do acampado em questão acarretaria problemas posteriores envolvendo novas pessoas e abriria precedente para que aquele tipo de prática persistisse. Viriam brigas e mais brigas entre vizinhos, tornando a já difícil convivência no acampamento realmente insuportável. Funcionalmente, esse seria o caso de exercício de poder necessário.

Já o medo que acarreta o silêncio ou a crítica velada aponta para um problema mais grave. Deixando de lado a questão que necessariamente passaria por indicar haver ou não relações democráticas no interior do acampamento – o que suscitaria uma enorme discussão sobre conceitos de democracia –, o fato é que não há, por parte dos acampados, a prática de exigência de opinar e deliberar sobre o processo social do qual eles são sujeitos. Havendo ou não espaço para tal, a base legitima formas que condena – como o caso do almoxarifado – e reproduz as atitudes de submissão a cuja supressão ela deveria visar por meio da participação no movimento.

Assim, entende-se por que um grupo de dissidente resolve partir para a ocupação de outra fazenda e contestar a liderança: sentem-se seguros, protegidos pelos políticos que prometem ajudar-lhes, como o caso dos "seguidores" do candidato a prefeito pepebista. Perdem a oportunidade de conseguir sua terra aqui porque vislumbram outra possibilidade acolá. Deixam de reproduzir a submissão à liderança para reproduzi-la perante os que parecem trazer-lhes uma solução mais imediata.

A sociabilidade forçada: solidariedade, difamação e religiosidade

A gente tenta, mas é difícil dividir o vento, né, moça?

Resposta de acampado de Iaras sobre a existência de ajuda mútua no acampamento

A vida no acampamento obriga pessoas das mais diversa origens, com experiências pessoais diferentes, a conviverem umas com as outras num espaço físico restrito. O mais comum, quando se constrói o acampamento, é que as pessoas que vieram da mesma cidade ergam seus barracos lado a lado, pois já tiveram uma convivência mínima nas reuniões preparatórias da ocupação. Com o tempo, algumas famílias vão embora e as que ficam arrumam novos vizinhos. Dessa proximidade espacial nascem grupos de vizinhança nos quais os membros desenvolvem relações mais constantes do que aquelas estabelecidas com o restante do acampamento.

Não vigoram aí, todavia, relações de amizade e lealdade, como as dos antigos bairros rurais;[18] a semelhança com essa forma de organização social tipicamente camponesa permanece em sua dimensão prático-utilitária: a troca mútua de bens e serviços é regida pela necessidade de divisão do que já é absolutamente escasso e pelos pedidos com promessa de retorno, e não por um sistema de prestações e contraprestações calcadas na obrigação simbólica e na economia moral. Uma vizinha, obrigada a dividir o batedouro de roupas com outra pelo simples fato de que não há espaço nem material para que cada uma tenha o seu próprio batedouro, prontifica-se a lavar algumas peças de roupa da outra desde que na hora já acertem qual vai ser a contrapartida, como a obrigação de fazer o jantar daquele dia para as duas famílias. Tomando como base de reflexão o estudo clássico de Mauss (1998, p.152) sobre a dádiva, podemos pensar que não há no acampamento um sentimento de "dádiva permutada onde se fundem pessoas e coisas"; ao contrário, as trocas se estabelecem no acampamento embasadas muito mais pela referência aos "contratos individuais" da moderna sociedade urbana, racionalmente calculados com relação a lucros e dividendos, ainda que não exista o dinheiro como moeda de troca geral.

Apesar de o dinheiro realmente não ser o bem mais cobiçado no acampamento, visto que ele praticamente inexiste no bolso dos acampados, houve o registro de um fato sintomático para o entendimento das mediações de troca e sociabilidade nos acampamentos: um acampado transportava em seu carro, diariamente, quatro outros acampados até uma fazenda onde eles trabalhavam na colheita do café recebendo para isso um percentual sobre o salário de cada um deles.

As relações de reciprocidade são, nesse quadro, marcadas por um fraco componente solidário. Ao analisar algumas so-

---

[18] Ver Antonio Candido (1987), Maria Isaura P. de Queiroz (1973) e Robert W. Shirley (1977).

ciedades tribais, Sahlins (1970, p.132) hipotetiza tipos ideais de reciprocidade classificadas em generalizada, equilibrada e negativa, de acordo com os setores residenciais de parentesco.

Quanto mais afastados estivessem os grupos domésticos, mais fraco tornava-se o componente solidário das relações de troca e a reciprocidade decrescia da generalizada para a negativa, mediada pela reciprocidade equilibrada. No caso do acampamento, são raros os grupos de parentesco. As famílias vizinhas que ali se estabelecem não se vinculam por nenhum laço consangüíneo ou de aliança matrimonial, a não ser no próprio núcleo básico familiar. É fato que os vizinhos, ainda que mantendo relações de reciprocidade limitada, pautadas mais pelo egoísmo que pela solidariedade, desenvolvem na sua maioria um convívio ameno, com momentos de descontração coletiva – animadas rodas noturnas em que se contam piadas, toca-se viola e sanfona, fala-se da vida alheia.

Um tipo de sociabilidade mais generosa é característica dos primeiros tempos do acampamento. Com o passar dos meses, embora as pessoas se conheçam melhor, elas já tiveram rusgas suficientes para não mais considerarem-se amigas e "quase parentes". Na maioria das vezes, as pequenas brigas surgem da desconfiança de estar saindo em desvantagem numa determinada troca, ou porque o vizinho conseguiu algo mais no almoxarifado, ou mesmo porque alguns pequenos furtos começam a surgir nos barracos de uns e de outros. Sahlins (1970, p.133) apresenta uma análise aplicável à situação:

> As pessoas ajudam umas às outras como podem no momento de escassez ... No entanto, se a escassez revela-se prolongada e severa, a estrutura de solidariedade pode ser incapaz de suportar a pressão: na crise final o grupo doméstico acentua seus interesses próprios e pessoas que tinham compartilhado comida nas primeiras fases do desastre apresentam agora indiferença para com a situação dos outros, se não apressam a queda mútua com barganha, chicana e roubo.

Ora, o começo do acampamento já apresenta uma situação de escassez material; com a longa duração, começam a rarear as doações e a crise se agrava. Onde antes havia algumas mostras de generosidade, já começam a surgir os roubos e as apropriações egoístas na base do "eu vi primeiro".

Os roubos de víveres e de criações domésticas começam a tornar-se constantes. Seguem-se brigas às vezes bastante violentas entre vizinhos. Se é fato que algumas brigas e disputas ocorrem por valores morais como honra ferida – alguns casos de "paquera" ou "vias de fato" entre homens e mulheres casados –, é verdade que as brigas violentas podem também ser motivadas por qualquer discussão sobre futebol. Maria Sylvia de Carvalho Franco (1969, p.24-5) fornece um argumento importante para a violência que eclode em meios que, desprovidos de mediação institucional, tendem – em tese – a adotar uma prática comunitária:

> Na verdade, as mesmas condições objetivas que levam a uma complementaridade nas relações de vizinhança – isto é, uma cultura fundada em mínimos vitais, conduz também necessariamente a uma expansão das áreas de atrito e a um agravamento das pendências daí resultantes. A pobreza das técnicas de exploração da Natureza, os limites estreitos das possibilidades de aproveitamento do trabalho e a conseqüente escassez dos recursos de sobrevivência, não podem deixar de conduzir a uma sobreposição das áreas de interesse.

No acampamento, não há sequer trabalho para as pessoas, o que torna a escassez de bens mais acentuada e a competitividade pelo "maior pouco" se instala de maneira contundente.

Difamação, delitos de honra e questão de gênero

Caminharam para casa. Mas para a casa do Beco dos Sem-Ceroula, onde só há três prédios – cada um deles com gramofone tocando, e cornetão à janela – e onde gente séria entra mas não passa.

João Guimarães Rosa, *Sagarana*

Outra prática comum no acampamento é a difamação. Todos conhecem algum demérito do outro e estão prontos a anunciá-lo, mesmo que este outro seja o seu vizinho do lado. Pululam histórias de esposas infiéis, de beberrões inveterados, de homens sem caráter. O mais comum é ouvir dos acampados uma série de críticas sobre um sem-número de pessoas, principalmente quando eles julgam ser vantajoso esclarecer quem é "de fora" sobre quem são os bons e os maus dentro do acampamento, simulando uma certa intimidade e uma vontade de proteção com quem os ouve.

Mas se tradicionalmente, nas pequenas cidades e vilarejos, a difamação era usada como forma de vingança ou mesmo necessidade dos conspícuos em informar quem eram os imorais, lançando-os ao opróbrio público, no acampamento a difamação surge de parte a parte sem limites; o detrator é também detratado, às vezes pela mesma transgressão moral que levantava contra outrem. É quase impossível saber o que é fato e o que é calúnia. A prática transfigura-se mais em "falta do que fazer" que em defesa da moral.

É comum ouvir histórias sobre alguém, contendo alguma acusação de caráter e, em outra oportunidade, saber que o delator afastou-se do acampamentos por praticar a mesma coisa.

E, longe de qualquer intenção sexista, é mister admitir que esse universo difamatório é, por excelência, terreno feminino. As mulheres acampadas são, em geral, vigiadas umas pelas outras. Algumas contam com satisfação que os maridos as traíram, mas que "as vagabundas" que cumpriram o papel coadjuvante na traição "levaram o que mereciam".

De fato, há uma atmosfera machista ainda reinante nos acampamentos e assentamentos, a despeito do esforço empreendido pelo MST em imprimir uma política de igualdade de gênero em seus organismos. As mulheres participam menos das atividades de militância interna, embora compareçam em massa nas caminhadas e marchas para outras cidades. São elas as que tecem mais críticas e instigam os maridos a militarem, informarem-se e, se possível, imporem-se diante das lideranças constituídas.

No acampamento de Rancharia, um casal já idoso discutia em torno do andamento do processo de desapropriação das terras pretendidas. Ela reclamava da falta de informação, da ausência de assembléias. Ele, resignadamente, dizia que ela não se preocupasse; os líderes estavam encaminhando tudo e, "quando a terra sair, eles avisam para nós... para que arrumar sarna para se coçar?".

Contraditoriamente, essa postura mais "politizada" das mulheres não se traduz largamente em participação efetiva. Talvez por concentrarem-se, sobretudo, na família e nos tratos domésticos, elas sintam-se satisfeitas em exercer uma espécie de poder moral no acampamento, administrando a rede de difamação e escolhendo "bons" e "maus".

Elas próprias, porém, são as maiores vítimas nas situações que indicam um "delito de honra". A mulher que trai seu marido ou a mulher que "rouba" o marido da outra são as mais crucificadas. Essas situações engendram conflitos por vezes até violentos, em cumprimento da célebre necessidade de "lavar a honra".

Como a questão de gênero nos acampamentos não é, contudo, de forma alguma, central neste trabalho, mas apenas tangencial, por estar imbricada em um aspecto importante da sociabilidade constituída nos grupos estudados, creio ser importante fazer menção, na forma de uma breve resenha, a um apurado trabalho voltado a essa problemática no seio do MST, ainda que ele desqualifique alguma das minhas afirmações.

A dissertação de mestrado de Noélle Marie Paule Lechat (1993), intitulada *A questão de gênero no Movimento dos Trabalhadores Rurais Sem-Terra (MST)*: estudo de dois assentamentos no Rio Grande do Sul, discute a participação da mulher na luta pela terra dentro de um movimento organizado. A autora desenvolveu seu trabalho de campo nos assentamentos Novo Sarandi e Rincão do Ivaí, utilizando-se de depoimentos e representações gráficas coletados entre as mulheres assentadas.

Após discorrer sobre o histórico da ocupação da região norte do Rio Grande do Sul desde 1626, sobre os primeiros focos de organização camponesa na década de 1950, seguidos pela formação do Movimento dos Agricultores Sem-terra (Master) e pelos famosos acampamentos nas glebas Brilhante e Macali e na Encruzilhada Natalino, o trabalho apresenta uma detalhada etnografia dos dois assentamentos estudados. A partir daí, a autora chega à categoria central enfocada: o gênero. Reconstitui as fases da luta pela terra sob o olhar das mulheres, por meio da memória, das lembranças de suas experiências, constatando que a concepção genérica da condição "sem-terra" manifesta-se em clivagens temporais enquanto as singularidades estão postas no marco espacial do cotidiano: "O lugar donde elas falam é a família e esta é a medida das coisas, o seu referencial" (p.106). A análise seguinte versa sobre o cotidiano do trabalho nos assentamentos, apresentando as novidades e permanências surgidas ou mantidas quando se passa para um modelo de trabalho cooperativo, como é o caso dos assentamentos. Se é verdade que a lógica tradicional "mulher-casa/homem-roça" continua sendo aplicada com variações, também é verdade que as mulheres vêm assumindo lugar nas tarefas da produção coletiva, recebendo vencimentos e participação nos lucros.

No capítulo destinado às relações de poder na óptica feminina, a autora analisa desenhos feitos pelas mulheres a seu pedido, nos quais deveriam representar-se com sua família, o assentamento e o MST. O objetivo é revelar a situação da mulher ante as relações de poder que se estabelecem entre os macro e micro-espaços de poder em sua dinâmica conflitiva: "onde a família está integrada num grupo bem maior, o conflito entre o particular e a comunidade, entre esta e interesses mais gerais do MST... as mulheres respondem como indivíduos, mães, esposas e companheiras..." (p.194-5). Analisando os desenhos, a autora ratifica sua constatação relativa ao apego das mulheres ao espaço familiar pela dificuldade que apresentavam em representar o MST e o assentamento.

As conclusões do trabalho expressam preocupação (e contribuição) sobre a atitude do MST em não considerar de fato as relações de micropoder nas lutas internas do movimento, supervalorizando o público em detrimento do privado, não se dando conta de que é um movimento formado por famílias e que, conseqüentemente, por meio das relações de gênero o poder se exerce sobre as mulheres. Todavia, as mulheres procuram conquistar um espaço no movimento para que o processo de transformação das relações entre os gêneros torne-se efetivamente parte integrante da luta política do MST.

Incluo o trabalho de Noélle Lechat na categoria mais emergente e necessária de produção científica acerca do MST por desnudar problemas que escapam à elaboração político-estratégica do movimento. Em todo movimento social organizado, corre-se o risco do distanciamento das lideranças com relação aos anseios subjetivos da base pela qual se propõe a lutar.

De qualquer maneira, a prática eminentemente feminina da difamação encontrada nos acampamentos pode significar, apenas, uma forma alternativa das mulheres valorizarem-se em meio a um grupo cujas instâncias de poder são predominantemente dominadas por homens. Mas, a hipótese mais provável é que o exercício de desmerecer outra pessoa atue, genericamente, como forma de proteção, de auto-afirmação em uma conjuntura de fragilidade material, agravada pela ausência de laços de parentesco e afinidade em um grupo "montado às pressas", cuja convivência é menos desejosa que forçada.

O sentimento religioso: crenças informais e práticas oficiais

*O povo de Deus, no deserto andava,
mas a sua frente, alguém caminhava.
O povo de Deus, era rico de nada,
só tinha a esperança e o pó da estrada
Também sou teu povo, Senhor, e estou nessa estrada,
Cada dia mais perto da terra esperada.*

Hino religioso, entoado por católicos e evangélicos

Embora muito já se tenha escrito sobre a emancipação do MST da tutela da Igreja, embora a Pastoral da Terra e as Comunidades Eclesiais de Base (Ceb) ainda contribuam para a arregimentação das famílias que vão para o movimento e com apoio material, pouco se diz sobre as crenças e práticas dos sem-terra em geral.

No acampamento estudado, existem dois barracos que servem aos grupos religiosos ali organizados: um deles é a Igreja dos católicos e o outro, o templo dos evangélicos.

Neste último, o acesso é franqueado apenas aos evangélicos; há cultos três vezes por semana, com entoações de cantos religiosos até altas horas da noite. No barraco católico, reúnem-se alguns acampados para orar e discutir temas sociais.

Várias comunidades católicas progressistas realizam visitas aos acampamentos e celebram missas especialmente preparadas para a ocasião. Em julho, um grupo de Diadema organizou uma viagem até o acampamento, levando cobertores para serem doados, lanches e doces para as crianças, e o padre responsável pela comunidade ao qual o grupo pertencia celebrou uma missa digna de registro. Paramentado com as vestes tradicionais, o padre usava uma fita amarrada à cabeça com o lema atual do MST – "Reforma Agrária, uma luta de todos!"; a decoração do barraco-Igreja contava com um enorme painel fixado na parede reproduzindo a bandeira do MST, mas com a Virgem Maria e o Menino Jesus ao centro, em vez do homem e da mulher sem-terra. O tema central da missa foi a crítica ao que o padre celebrante chamou de "pecado da acumulação". Havia um grupo com instrumentos musicais que tocava e cantava as músicas impressas em um folheto entregue a todos; esses cantos da missa têm letras que tratam sobre a questão agrária, musicadas como versões de pérolas do cancioneiro dito "caipira", como *Assum preto*, *Estrada da vida*, *Chico Mineiro* etc. Todavia, o comparecimento à missa foi reduzido. As pessoas cumpriam seus afazeres rotineiros como se nada estivesse acontecendo.

O fato é que poucas pessoas participam dos grupos religiosos ali organizados. Os evangélicos, ainda que em número não tão expressivo, são mais sérios nas suas práticas formais de religiosidade. Os católicos não se preocupam muito em materializar praticamente a sua fé. Duas senhoras, organizadoras do grupo católico, deixaram de ir a uma reunião na Igreja para ir à cidade de Águas de Santa Bárbara consultar uma mãe-de-santo que iria desfazer o "trabalho" que estava "amarrando" a desapropriação das terras pelo Incra.

Ao que parece, o grosso dos católicos do acampamento confirma sua escolha religiosa quando inquiridos sobre o tema, mas não estão particularmente interessados em seguir os seus preceitos. Excetuando os acampados organizados nos dois grupos citados, não há outras manifestações de práticas religiosas sistemáticas entre os acampados.

Tentando fugir de uma aproximação grosseira, a religiosidade entre os sem-terra parece perder um pouco da dimensão sobrenatural da salvação *post morten* e valorizar a expectação terrena de redenção. Em vez da Santa Irmandade que espera o exército de São Sebastião para auxiliá-los na batalha final contra os "peludos" (cf. Monteiro, 1974), os acampados parecem saber que participam de uma batalha contra inimigos – talvez não tão bem identificados quanto os "peludos" – e que todas as suas preces, não importa se feitas de acordo com doutrinas oficiais ou não, devem rogar pela vinda do "monge José Rainha", aquele que vai encaminhá-los para a terra de trabalho que tanto almejam. Assim como os "Irmãos", os acampados estão fazendo a sua parte; precisam apenas de um enviado "divino" para ajudá-los a conseguir seu intento.

O pequeno surto messiânico ocorrido no acampamento parece ter demonstrado o sentimento de expectação que envolve os sem-terra. O rapaz que se proclamou a reencarnação de Jesus Cristo apresentava consideráveis indícios de perturbação psicológica, expressos em sua logorréia fantasiosa sobre a "morte anunciada" de Ayrton Senna e, ainda assim, prometendo guiar os acampados em direção à terra a eles destinada, conseguiu alguns seguidores; mas, desafortunadamente, logrou competir com outro "messias": o próprio MST e sua promessa de terra, na maioria das vezes concretizada. Acusado de tentar "fracionar" o acampamento, o nosso "messias automobilístico" não contava com um séquito volumoso que lhe permitisse disputar a hegemonia. Foi expulso sozinho, pois seus parcos seguidores, temendo a mesma sorte, renegaram seu profeta para continuar fazendo parte do acampamento, confiando no líder mais poderoso.

Este é o tipo de conflito explicitado por Weber (1991, p.135) em sua caracterização da dominação de tipo carismática:

> A forma genuína de jurisdição e a conciliação de litígios carismáticos é a proclamação da sentença pelo senhor ou pelo

"sábio" e sua aceitação pela comunidade (de defesa ou de crença) e esta sentença é obrigatória, sempre que não se lhe oponha outra concorrente, de caráter também carismático. Neste caso, encontramo-nos diante de uma luta de líderes, que em última instância somente pode ser resolvida pela confiança da comunidade e na qual o direito somente pode estar de um dos lados, ao passo que para o outro somente pode existir injustiça merecedora de castigo.

A mística como "cimento" ideológico

A mística é uma realidade que mais se vive do que se fala sobre ela. É a alma do combatente. É o sabor que junta o pensamento à ação e à emoção.

Ranulfo Peloso, *A força que anima os militantes*

A mística pode ser considerada uma matriz discursiva encarregada de conscientizar a base do MST de seu papel histórico na transformação da sociedade. Como vemos em Sader (1988, p.143):

As matrizes discursivas devem ser entendidas como modo de abordagem da realidade, que implicam diversas atribuições de significado. Implicam também, em decorrência, o uso de determinadas categorias de nomeação e interpretação (das situações, dos temas, dos atores) como na referência a determinados valores e objetivos.

A matriz discursiva do MST, como construção ideológica, leva em conta o que o movimento quer transmitir, para quem e com qual objetivo. Se o objetivo é a formação de novos quadros, o discurso acionado mostra que o inimigo é o capitalismo e o ideal pretendido é construir o socialismo. Se o objetivo é trabalhar o sentimento de direito à terra na base, o inimigo é o grande fazendeiro, o latifundiário, e o ideal pretendido é distribuir terras para quem nelas quer trabalhar. Como define Geertz (1989, p.178): "as ideologias são sistemas de símbolos interatuantes, são padrões de significados entrelaçados".

Isso posto, é preciso entender a mística como discursos ideológicos, construídos de acordo com o que o movimento quer de cada estrato do todo heterogêneo formado pelos integrantes de acampamentos e assentamentos em geral. Assim, a mística se reveste de várias formas simbólicas com a mesma função simbólica, qual seja, a de ganhar adesão, gerar convencimento, estabelecer confiança. E, se a ideologia é um sistema de símbolos, é perfeitamente possível que esses símbolos assumam formas diversas mas concorram para a mesma função simbólica. Em Cohen (1978, p.28), encontramos a seguinte constatação: "os grupos de interesse adotam diferentes formas simbólicas para articular as mesmas funções de organização em diferentes condições".

Entende-se, então, a possibilidade de construir a mística do MST tanto por meio de uma missa católica – progressista, *bien sûr* – quanto pela exaltação da figura de Che Guevara: a terra criada por Deus para todos é a mesma promessa da igualdade no socialismo.

Ainda em Cohen (1978, p.41), obtém-se a seguinte assertiva sobre formas simbólicas e funções simbólicas:

> Num contexto particular, a mesma função simbólica pode ser representada por diferentes formas simbólicas. Por exemplo, todo grupo político necessita de símbolos de diferenciação, isto é, de identidade e exclusividade, para definir seus limites. Isto pode ser conseguido através de formas simbólicas: emblemas, marcas faciais, mitos de origem, costumes de endogamia ou exogamia, crenças e práticas associadas aos ancestrais, genealogias, cerimônias específicas, estilos de vida especiais, santuários, noções de pureza e impureza....

Ora, todo sem-terra deveria reconhecer a bandeira do MST ao longe, saber de cor o hino do Movimento, conhecer a história de seus mártires: Zumbi, Antônio Conselheiro, Padre Josimo, Margarida Maria Alves, Chico Mendes... Nessas formas simbólicas repousa a emissão da mística, ideologia com função simbólica determinada: fazer o sem-terra sentir-se integrante de um sujeito coletivo.[19]

O processo de comunicação a que a mística está sujeita envolve as etapas de emissão, recepção e re-significação. No momento da re-significação, devem ser levados em conta o universo significativo de que dispõe o receptor. Segundo Haseloff: (1977, p.69):

> podemos citar inicialmente como princípios assegurados e de relevância prática da pesquisa de comunicação as duas características básicas da comunicação: 1) a transmissão de signos, bem como 2) a influência daí decorrente sobre aquele que os recebe e decodifica. Neste processo são alteradas, a curto ou a longo prazo, as expectativas, atitudes e decisões de comportamento do destinatário destes signos. A influência assim conseguida pode variar quanto à qualidade e intensidade. O seu resultado depende de todo um complexo de condições. Pertencem a este complexo as intenções do "emissor", as predisposições e atitudes do "receptor" e, não em seu último lugar, as próprias mensagens transmitidas em cada caso.

Esse "complexo de condições" envolve, no caso da mística, o MST como "emissor" e os membros da base do movimentos como "receptores". A questão instigante é justamente analisar os acidentes e desvios que parecem ocorrer nesse processo de comunicação ideológico.

---

[19] A mística reveste-se, também, de uma materialidade ideológica. O fato de haver em todas as manifestações públicas do MST uma "equipe de mística" e de o movimento usar constantemente o termo "construir a mística" denota uma expressão concreta da definição da mística como 'ideologia repassada'.

Se o discurso comunicado aos militantes é carregado de conceitos e análises até então desconhecidas por eles, é verdade que esse trabalho de transmissão é bem mais intenso. A militância tem acesso ao JST, faz inúmeras discussões, ou seja, exercita-se num espaço de politização que assegura a transmissão eficaz da mensagem contida no discurso.

Na dissertação de mestrado de Bernardo Mançano Fernandes (1994), encontramos uma análise sobre a "multidimensionalidade do espaço de socialização política". Aponta como primeiro elemento desse processo o espaço comunicativo, gestado sob a influência das Cebs e repleto de experiências pedagógicas instigadoras da tomada de consciência perante a exploração e reveladoras de formas afirmativas de ação transformadora. Há, então, a elaboração de matrizes discursivas identitárias, representadas nas palavras de ordem do movimento.

Fernandes (1994) analisa a evolução das palavras de ordem, concernente a uma crescente politização do movimento e a vivência histórica dos fatos políticos conjunturais. Assim, entre 1979 e 1985, temos, por exemplo, a consigna "Terra de Deus, Terra de irmãos"; entre 1986 e 1988, já se gritava "Reforma Agrária, na lei ou na marra". A partir de 1989, temos: "Brasil, Chile, América Central, a luta pela terra é internacional". Todavia, a análise de Fernandes vai até 1993. Em 1995, o MST mostra que se "modernizou" politicamente por outro caminho que não a radicalidade isolacionista, adotando o lema "Reforma Agrária: uma luta de todos".[20]

---

[20] Zander Navarro (1992) apresentava preocupação quanto a um possível isolamento político do MST. Sua principal consideração diz respeito a uma análise sobre a radicalização de algumas práticas enfrentativas do movimento, ilustrada com o exemplo do episódio da Praça da Matriz, em Porto Alegre, quando um soldado foi degolado pelos sem-terra. Diz Navarro que a esses conflitos violentos sucede uma perda de apoio político para o movimento. Além disso, há o problema da restrição do MST a uma aliança com o Partido dos Trabalhadores, o que isola o movimento no leque de possibilidades de ação política conjunta com outros setores mais expressivos na política institucional. Mesmo assim, o autor apresenta uma última consideração otimista

Uma segunda dimensão da socialização política é dada pelo espaço interativo, considerado "um estágio mais avançado do processo de luta", pois já há por parte dos sujeitos uma consciência crítica da realidade que os conduz à ação. O conteúdo dessa consciência é construído pelas experiências, mas também pela produção de um conhecimento simbólico baseado em novos valores surgidos da reflexão sobre a realidade vivida.

Como terceira dimensão do processo, o autor aponta o espaço de luta e resistência. Este é construído quando o movimento torna pública a sua existência ao ocupar uma propriedade, conquistando uma territorialidade concreta para a sua luta. Nesse sentido, Fernandes (1994, p.178) afirma: "O acampamento é na sua concretude o espaço de luta e resistência, é quando os trabalhadores partem para o enfrentamento direto com o Estado e com os latifundiários".

A base do MST, entretanto, não possui canais de discussão política sistemática. A mística que chega até eles objetiva menos uma conscientização política e mais uma identificação com o movimento. É preciso que os acampados sintam-se parte do todo coletivo, reconheçam seus objetivos comuns e, acima de tudo, confiem no movimento. A re-socialização que ocorre no acampamento possui alto grau de tensão, como descrito em itens anteriores.

Em Geertz (1989, p.190-1), a ideologia é considerada resposta à tensão; se não há uma comunidade política tradicional que guia os homens emocional e psicologicamente por regras há muito estabelecidas e que não os permitem hesitar em suas ações, pois o comportamento adequado às situações já está prefigurado, é necessário remontar um padrão de significados que oriente o sentido da ação.

---

para o quadro da época, que se transfigurou em prognóstico acertado: "Mas, por outro lado, em outras conjunturas amplamente desfavoráveis os sem-terra desenvolveram inesperadas, mas bem-sucedidas táticas de luta, o que talvez também possa ocorrer dessa vez" (p.96).

Os padrões de significados fornecidos pelo MST, todavia, são re-significados de maneira diversa pelos acampados; se é verdade que há um padrão inicial de significados único, permeado pela explicação da importância do movimento e da participação das pessoas numa luta histórica pela Reforma Agrária, à medida que as significações dadas a esse discurso atinge um grau de ligação ao MST considerado suficiente para que o acampado passe a ser um militante do movimento, o discurso se aprofunda e dirige-se para uma formação política negada à base.

A base, por sua vez, re-significa o discurso de maneira prática: "é preciso estar no movimento pois ele realizará o meu sonho da terra própria. Mas, se não for o movimento, qualquer outro que me dê terra será bem vindo".

Assim, há dois pólos de assimilação da mística como ideologia, bem como dois objetivos distintos: interessa ao MST que alguns acampados desenvolvam uma relação maior com o movimento para que os quadros dirigentes sejam reproduzidos; no entanto, é preciso que a base sinta-se dependente do MST, não parte dele; é preciso que o líder seja visto como um "messias", o guia divino na caminhada para a terra prometida.

Não obstante, é preciso ressaltar a confiança da base em seu "messias" não a partir de uma subjetividade religiosa; *o líder-messias é enaltecido quando conduz os acampados à práticas concretas de luta*. O MST inculca nas pessoas a idéia de que sem luta não se conquista a terra. Ora, os acampados esperam, então, que o MST os conduza à luta. As ocupações são o momento de ação do sujeito efetivamente coletivo. Esquecem-se das brigas com os vizinhos, das condições de vida precárias. O sentimento de esperança é renovado: mais um passo em direção à terra prometida.

Ou seja, a mística na base é fundada na assimilação de alguns significados primários: o MST vai conduzi-los à terra; para isso, é preciso lutar contra o inimigo; a melhor forma de afrontar o inimigo é fazer ocupações. Essas idéias são transmitidas à base pela liderança. É preciso romper o respeito à propriedade alheia que a tradição martelou na cabeça dos acampados; é preciso fazê-los suportar a situação do acampamento como etapa transitória; é preciso conquistar seu respeito pelo movimento.

Ao conseguir tal intento, porém, o MST, paradoxalmente, constrói uma arma para si e, ao mesmo tempo, contra si. O líder, portador de uma promessa sagrada, passa a ser vigiado em suas mínimas atitudes. Se não há ocupações, se ele não demonstra estar completamente mergulhado na tarefa que lhe foi confiada, seu prestígio está abalado. O "messias" vira o "demônio" que, não atentando para o problema de seu rebanho, merece o abandono de seus fiéis.

Ao caracterizar a dominação do tipo carismática, Weber (1991, p.135) apresenta a limitação do poder do líder:

> A associação dominante é de caráter comunitário, na comunidade ou no séquito. O tipo que manda é o líder. O tipo que obedece é o "apóstolo". Obedece-se exclusivamente à pessoa do líder por suas qualidades excepcionais e não em virtude de sua posição estatuída ou de sua dignidade tradicional; e, portanto, também somente enquanto essas qualidades lhe são atribuídas, ou seja, enquanto seu carisma subsiste. Por outro lado, quando é "abandonado" pelo seu deus ou quando decaem a sua força heróica ou a fé dos que crêem em suas qualidades de líder, então seu domínio também se torna caduco.

Ora, o líder não é eleito, tampouco dispõe de qualquer autoridade tradicional sobre pessoas que mal conhece. Seu "carisma" repousa em uma promessa futura, que deve ser realizada paulatinamente no presente. O poder do líder precisa de uma constante confirmação prática, de demonstrações concretas de que ele, como depositário desse "espírito" coletivo de luta caracterizador da "entidade MST", está exercendo sua função de condutor único do processo de redenção de seus "fiéis".

Tal como Pierre Clastres (1990, p.23) relata, o chefe indígena tupinambá tem sua autoridade incontestada durante as expedições guerreiras, mas tem seu poder submetido ao controle do conselho dos anciãos em tempos de paz. No acampamento, ocorre prática semelhante. No momento das ocupações, o líder é o "chefe" da grande missão; no dia-a-dia do acampamento às margens de uma estrada vazia, sua autoridade é contestada tacitamente. Mas, na primeira oportunidade, seja para voltar a trabalhar como assalariados rurais seja para criar uma dissidência amparada por um suposto respaldo – ainda que do próprio fazendeiro e seus motivos espúrios –, os fiéis abandonam o agora "falso messias".

Conflitos internos e tarefa histórica: novos desafios ao MST

Como se observou nos tópicos anteriores, as relações sociais dentro do acampamento, sejam elas entre acampados sejam entre acampados e lideranças, estão revestidas de uma conflitualidade constante.

A idéia de que há uma dependência por parte dos acampados com relação ao MST parece verídica exatamente porque não existe alternativa para eles. Voltar para a cidade? Valer-se da possibilidade de um emprego temporário como bóia-fria? De fato, o movimento como última – senão única – alternativa está presente na fala das pessoas a todo momento.

Essa quase "inevitabilidade" denota uma frágil identidade de pertencimento grupal, que resvala para o desejo de fuga do movimento logo após a conquista da terra.

O sacrifício em ficar acampado aparece, então, como uma necessidade, revestida de pouca ou nenhuma componente ideológica. Suportar as condições penosas de vida e a obediência às regras que foram estabelecidas extragrupalmente faz-se, ao mesmo tempo, necessário e odioso.

Não há como afirmar, sob pena de falsear o *tour de force* empreendido pelo MST na tentativa de "politizar" os membros do movimento, que não há nenhuma identidade de pertencimento da base em relação ao MST. Muito menos, é possível dizer que os sem-terra, de maneira geral, são incapazes de se reconhecer como sujeitos históricos. O que este trabalho tenta demonstrar, analisando os acampamentos, é como uma série de fatores, de ordem prática e simbólica, mas capitaneados certamente pela precariedade material, produz uma sociabilidade fragilizada no estrato social que melhor representa a base do movimento, qual seja, os acampados.

Fatores específicos como o *ethos* híbrido dos acampados, identificado nos acampamentos do Estado de São Paulo, certamente contribuem para uma irregularidade de transmissão de caracteres identitários, via mística, gerando uma relação mais próxima da dependência que do pertencimento.

Tanto quanto um certo distanciamento das lideranças em relação às bases, sobretudo no que diz respeito à necessidade de corresponder aos anseios da realização de atividades que aproximem a coletividade do seu ideal – a obtenção de terra –, provoca a apatia e o enfraquecimento da confiança no movimento.

Para o projeto produtivo do MST, essa sociabilidade forçada nos acampamentos surge como um grande entrave. A proposta de trabalhar coletivamente a terra passa a ser inaceitável para pessoas que aprenderam, durante meses, a não confiar umas nas outras.

De fato, torna-se deveras complexo estabelecer laços cordiais de barriga vazia. Em uma situação em que não houvesse tanta morosidade em realizar os assentamentos, provavelmente o estabelecimento de uma sociabilidade sob bases materiais razoáveis se faria de maneira mais solidária.

As análises que permitiram chegar a esse problema da sociabilidade forçada surgiram de acampamentos um tanto quanto afastados do centro de agitação do MST no Estado de São Paulo, o Pontal do Paranapanema. Lá, o MST mantém formas de socialização grupal baseadas na Educação para a Terra, em atividades lúdico-culturais e em discussões políticas freqüentes,[21] o que permite que a mística se configure de fato em um instrumento de transformação do sem-terra em sujeito social pertencente ao movimento.

O porquê de não se estender esse trabalho para todos os acampamentos parece ser elucidado na medida em que percebemos a restrição que o próprio movimento parece ter com relação a uma maior formação de quadros aptos a coordenar atividades desse tipo. O incentivo à ampliação de possibilidades para que os membros de base do MST travassem contato com mais atividades educativas credenciaria o movimento a defender com mais veemência e respeito os ideais de justiça e igualdade que apregoa.

Há de se reconhecer que esse trabalho de educação política é árduo e vagaroso; mas é preciso que a crítica feita seja ouvida como estímulo. Se os acampados sofrem sob péssimas condições, certamente não é por (de)mérito da instituição MST. Ao contrário, a tentativa de contextualizar historicamente o surgimento do MST e, principalmente, os vários processos que alimentam a existência do movimento, por lhe fornecerem o material humano de que é composto, fez-se com o único intuito de apontar os reais culpados da desafortunada existência dos sem-terra: *o capitalismo e sua lógica perversa de condução à barbárie, bem como seus títeres estatais.*

Os filhos da lona preta são frutos de uma formação histórico-social que os enxotou para além da linha de sobrevivência. O MST assume o papel de reconduzi-los ao mundo social, ainda que em uma dimensão conservadora – porque não reconhece a amixia patente nesse projeto de cooperação pacífica com o inimigo – tentando conceder-lhes um lugar no processo produtivo e uma "carteirinha" de consumidor. Mas há uma

---

[21] O programa de Educação para a Terra consiste em um método pedagógico de inspiração construtivista, no qual os professores dos assentamentos e acampamentos são treinados para repassar aos alunos, a partir da experiência de luta pela terra, valores de consciência crítica frente à realidade.

latência revolucionária intrínseca ao MST, pensado menos como instituição, mas sobretudo como fenômeno social, que nos permite ainda acreditar em mudanças grandiosas.

A nós, pesquisadores sociais, cabe exercer um olhar crítico e ao mesmo tempo propositivo – valendo-nos de uma espécie de "exterioridade engajada' – sobre o MST, na tentativa de auxiliá-lo a considerar seus conflitos internos imanentes e avançar, com bases humanas mais solidarizadas e conscientes, rumo à transformação histórica almejada.

REFERÊNCIAS BIBLIOGRÁFICAS

BALANDIER, Georges. *Antropo-lógicas*. Cultrix/EDUSP, São Paulo, 1977.

———. *Sociologie Actuelle de l'Afrique Noire*. Presses Universitaires de France, Paris, 1982 (4ª ed.).

———. *Antropologia Política*. Editorial Presença, Lisboa, 1987. (2ª ed.).

CÂNDIDO, Antônio. *Os Parceiros do Rio Bonito*. Livraria Duas Cidades, São Paulo, 1987 (7ª ed.).

CASTRO, Paulo R. de *Barões e Bóias-frias. Repensando a questão agrária no Brasil*. CEDES/APEC, São Paulo, 1982.

CLASTRES, Pierre. *A Sociedade Contra o Estado*. Francisco Alves, Rio de Janeiro, 1990 (5ª ed.).

COHEN, Abner. *O Homem Bidimensional*. Zahar, Rio de Janeiro, 1978.

CROSSAN, John D. *O Jesus Histórico – a vida de um camponês judeu do mediterrâneo*, Imago, Rio de Janeiro, 1994 (2ªed.).

FERNANDES, Bernardo M. *Espacialização e Territorialização da Luta pela Terra: A Formação do MST - Movimento dos Trabalhadores Rurais Sem-terra no Estado de São Paulo*. Dissertação de Mestrado apresentada ao Departamento de Geografia da FFLCH-USP, São Paulo, 1994.

FRANCO, Maria Sylvia C. *Homens Livres na Ordem Escravocrata*. IEB, São Paulo, 1969.

GAIGER, Luís Inácio G. "Entre as razões de crer e a crença na razão – Mobilização coletiva e Mudança cultural no campesinato meridional" in *Revista Brasileira de Ciências Sociais*. nº 27, ano 10, São Paulo, 1995.

_____. "Cultura, Religião e Política : um estudo da luta dos sem-terra a partir do sistema cultural" in *Cadernos CERU*. Publicação do Centro de Estudos Rurais e Urbanos, Série 2, nº 7, 1996.

GEERTZ, Clifford. *A Interpretação das Culturas*. Guanabara Koogan, Rio de Janeiro, 1989.

GENNEP, Arnold van. *Les Rites de Passage*. Mouton & Co and Maison des Sciences de l'Homme, Paris, 1969.

GOHN, Maria da Glória. *Os Sem-terra, ONGs e Cidadania*. Cortez, São Paulo, 1997.

GRZYBOWSKI, Cândido. *Caminhos e Descaminhos dos Movimentos Sociais no Campo*. FASE/Vozes, Petrópolis, 1991.

HASELOFF, O. W. "Comunicação, Transformação e Interação" in GADAMER, H.G. e VOGLER, P. *Antropologia Psicológica*. E.P.U./EDUSP, São Paulo, 1977.

LECHAT, Noelle M. P. *A Questão de Gênero no Movimento dos Trabalhadores Rurais Sem-terra (MST): estudo de dois assentamentos no Rio Grande do Sul.* Dissertação de Mestrado, datilo., UNICAMP, 1993.

LEACH, Edmund. *Cultura e Comunicação*. Edições 70, Lisboa, 1992.

LÉVI-STRAUSS, Claude. *As Estruturas Elementares do Parentesco*. Vozes, Petrópolis, 1976.

MARTINS, José S. *Os Camponeses e a Política no Brasil*. Vozes, Petrópolis, 1990 (4ª ed.).

_____. *A Chegada do Estranho*. Hucitec, São Paulo, 1993.

MARTINS, José S. *O Poder do Atraso – Ensaios de sociologia da história lenta*. Hucitec, São Paulo, 1994.

MAUSS, Marcel. *Ensaio sobre a Dádiva*. Edições 70, Lisboa, 1988.

MEDEIROS, Leonilde S. *História dos Movimentos Sociais no Campo*. FASE, Rio de Janeiro, 1989.

────── et alii. *Assentamentos Rurais – uma visão multidisciplinar*. Editora UNESP, São Paulo, 1994.

MONTEIRO, Duglas T. *Os Errantes do Novo Século: um estudo sobre o surto milenarista do Contestado*. Livraria duas Cidades, São Paulo, 1974.

MOURA, Margarida M. *Camponeses*, Ática, São Paulo, 1986.

NAVARRO, Zander. "Acampamentos – A experiência dos colonos no Sul do Brasil" in *Tempo e Presença*. CEDI, nº231, 1988.

_____."Democracia, cidadania e representação: os movimentos sociais rurais no Estado do Rio Grande do Sul, Brasil, 1978-1990" in NAVARRO, Z. (org.) *Política, Protesto e Cidadania no Campo*. Editora da Universidade (UFRGS), 1992.

_____. *"Ideologia e economia: formatos organizacionais e desempenho produtivo em assentamentos rurais – o caso do assentamento 'Nova Ramada'"* Paper apresentado no XIX Encontro Anual da ANPOCS, Caxambu, 1995.

NAVARRO, Zander. *"Políticas públicas, agricultura familiar e os processos de democratização em áreas rurais brasileiras (com ênfase para o caso do Sul do Brasil)"* Paper apresentado no XX Encontro Anual da ANPOCS, Caxambu,1996.

OLIVEIRA, Ariovaldo U. "O que é? (Renda da terra absoluta, renda da terra em monopólio, renda da terra pré-capitalista, preço da terra)" in *Revista Orientação*, nº 7, Departamento de Geografia, FFLCH/ USP, 1993.

POKER, José Geraldo S. *A Prática da Vida e os Desencontros da "Libertação"*. dissertação de Mestrado, datilo, FFLCH/USP, 1986.

QUEIROZ, Maria Isaura P. *Bairros Rurais Paulistas – dinâmica das relações bairro rural-cidade*. Duas Cidades, São Paulo, 1973.

RAPCHAN, Eliane S. *De Identidades e Pessoas : um estudo de caso sobre os sem-terra de Sumaré*. Dissertação de Mestrado apresentada ao Departamento de Antropologia da FFLCH-USP, datilo., São Paulo, 1993.

SADER, Eder. *Quando Novos Personagens Entraram em Cena*. Paz e Terra, Rio de Janeiro, 1988.

SAHLINS, Marshall. *Sociedades Tribais*. Zahar, Rio de Janeiro, 1970.

SHANIN, Teodor. "A definição de camponês: conceituações e desconceituações – o velho e o novo em uma discussão marxista" in *Estudos CEBRAP*, n.º 26, São Paulo, 1980.

SHIRLEY, Robert, W. *O Fim de uma Tradição – cultura e desenvolvimento no município de Cunha*. Perspectiva, São Paulo, 1977.

SIGAUD, Lígia. *Greve nos Engenhos*. Paz e Terra, Rio de Janeiro, 1980.

SILVA, José Graziano da. "Por uma Reforma Agrária não essencialmente agrícola" in *Agroanalysis*. Vol.16, n.º 3, março de 1996.

SILVA, Lígia O. *Terras devolutas e Latifúndio*. Editora da Unicamp, Campinas, 1996.

STÉDILE, João Pedro (org.) *A Reforma Agrária e a Luta do MST*. Vozes, Petrópolis, 1997.

TURNER, Victor W. *O Processo Ritual*, Vozes, Petrópolis, 1974.

WEBER, Max. "Os três tipos puros de dominação legítima" in COHN, Gabriel (org). *Weber*, Coleção Grandes Cientistas Sociais, Ática, São Paulo, 1991 (5ª ed.)

Periódicos e boletins

Jornal dos Trabalhadores Rurais Sem-terra
Nossa Terra - Boletim da Secretaria Estadual do MST.

Outros

MST - *A Força que Anima os Militantes*. Material de formação, por Ranulfo Peloso.

MST - *Elementos sobre a Teoria da Organização no Campo*, por Clodomir Santos de Morais. Caderno de Formação nº 11. agosto/1986.

MST - *Programa de Reforma Agrária*. Caderno de Formação nº 23.

MST - *A Comunidade dos Gatos e O Dono da Bola*. Coleção Fazendo História nº 1.

MST - *Cartilha de Preparação do III Congresso Nacional do MST*,1995.

MST - *A Caminhada do Movimento dos Sem-terra de Sumaré III*.

MST - *Mística – uma necessidade no trabalho popular e organizativo*. Caderno de Formação nº27, março/1998.

QUINZENA, Comunicação do CPV - Centro de Documentação e Pesquisa Vergueiro, nº 211, 15 de julho de 1995.

TRIBUNA POPULAR - *Os Fluxos Migratórios para a Cidade de São Paulo e a Reforma Agrária*. Publicação da Câmara Municipal de São Paulo.

EM PAUTA - *Reforma (eu quero) Agrária*. Cadernos do Diretório Regional do PT/SP, abril/96.

Outros títulos da editora

História

Álcool e drogas na história do Brasil
Organizadores: Renato Pinto Venâncio e Henrique Carneiro
ISBN: 85-98325-11-2 (312 págs.)

O conjunto de pesquisas reunidas neste livro, feitas pelos autores que mais se dedicam ao tema no Brasil, oferece um panorama inédito do significado que o álcool e as drogas tiveram na história do país. Por meio desse conjunto de textos apresenta-se uma amplitude de práticas sociais que vão da cura ao crime, da alimentação ao amor, da medicina à religião, da farmácia ao folclore, da biopolítica à geopolítica.

Organizadores: Renato Pinto Venâncio é professor da Universidade Federal de Ouro Preto e diretor-superintendente do Arquivo Público Mineiro. Henrique Carneiro é professor de história da USP.

A interiorização da metrópole
Autora: Maria Odila Leite da Silva Dias
ISBN: 85-98325-08-2 (168 págs.)

Ao longo dos últimos 40 anos os três artigos que compõem este livro, "A interiorização da metrópole", "Aspectos da ilustração no Brasil" e "Ideologia liberal", tornaram-se referência para historiadores e estudiosos em geral. Na verdade, transformaram-se em pequenos clássicos da historiografia brasileira, leitura obrigatória para quem quer entender o nosso passado. Apesar de escritos em épocas diferentes, os textos tratam de um problema comum. Nos três, Maria Odila está preocupada com a continuidade das elites dirigentes antes e depois da Independência.

A autora: Maria Odila Leite da Silva Dias é professora dos programas de pós-graduação da Pontifícia Universidade Católica de São Paulo e da Universidade de São Paulo.

Modos de Governar
Organizadoras: Maria Fernanda Bicalho e Vera Lúcia Amaral Ferlini
ISBN: 85-98325-16-3 (448 págs.)

Resultado do trabalho de um grande e seleto grupo de historiadores brasileiros e portugueses, este livro discute as redes de poder, parentesco, clientela e negócios que deram vida e dinâmica ao império português durante o período colonial, época que ocupa uma posição central na reflexão sobre o Brasil.

As organizadoras: Maria Fernanda Bicalho é professora da Universidade Federal Fluminense e Vera Lúcia Amaral Ferlini é professora da USP.

Entre a casa e o armazém
Autora: Maria Luiza Ferreira de Oliveira
ISBN: 85-98325-13-9 (416 págs.)

Combinando o melhor dos métodos da história social com o registro sensível do drama humano que se desenrolava por trás dos mapas, das estatísticas, das trocas comerciais e até das operações de crédito, este livro reescreve as histórias das vidas anônimas que teimavam em sobreviver no cotidiano de São Paulo, àquela altura uma cidade híbrida, a meio do caminho entre o colonial e o moderno. Histórias de seres humanos comuns, heróis anônimos, desprovidos de ambições ou delírios de grandeza.

A autora: Maria Luiza Ferreira de Oliveira é professora da Escola da Cidade e atualmente faz pós-doutorado com o projeto "O ronco da abelha: resistência popular e conflito na consolidação do

Estado Nacional, 1851-1852", no Instituto de Estudos Brasileiros (IEB/USP).

A Revolução dos Cravos
Autor: Lincoln Secco
ISBN: 85-98325-01-5 (296 págs.)

Uma abrangente história do fato mais importante da história contemporânea de Portugal, cantada por Chico Buarque numa de suas músicas ("Foi bonita a festa, pá/ fiquei contente/ e ainda guardo renitente/ um velho cravo para mim") e que foi a última revolução socialista européia. Em abril, o movimento faz aniversário.

O autor: Lincoln Secco é professor da USP e especialista em história contemporânea.

O Marquês de Pombal e a sua Época
Autor: João Lúcio de Azevedo
ISBN: 85-98325-04-X (400 págs.)

A mais importante biografia do Marquês de Pombal, primeiro-ministro português responsável pela expulsão dos jesuítas do Brasil e pela reconstrução de Lisboa depois do terremoto de Lisboa. Fundamental para estudantes interessados na personalidade e nos significados de um dos governantes mais polêmicos da história de Portugal.

O autor: João Lúcio de Azevedo, português autodidata, viveu no Pará como caixeiro viajante no início do século 20. Deixou uma obra extensa e refinada sobre a história do Brasil e de Portugal.

O Rei Ausente
Autora: Ana Paula Torres Megiani
ISBN: 85-98325-06-6 (296 págs.)

Este estudo explora as configurações do cerimonial festivo organizado durante o período em que Filipe II foi rei da Espanha e Portugal. Incidindo nas jornadas régias de 1581 e de 1619, Ana Paula Megiani demonstra, de forma cabal, que o cerimonial permite a abordagem de campos de estudo bastante diversos.

A autora: especialista em história ibérica, Ana Paula Torres Megiani é professora da USP e autora de *O Jovem Rei Encantado*.

Processos-Crime – Escravidão e Violência em Botucatu
Autor: Cesar Mucio Silva
ISBN: 85-98325-03-1 (124 págs.)

Nos arquivos da Justiça do interior de São Paulo, Cesar Mucio Silva encontrou histórias de escravos e ex-escravos que cometeram delitos passionais ou que, por motivos aparentemente fúteis, foram levados aos tribunais. A partir dos processos analisados, o leitor pode observar sentimentos, relações amorosas, vingança e traição, mas também nuances da história do Brasil.

O autor: Cesar Mucio Silva é mestre em história pela Faculdade de Ciências e Letras da Unesp e doutorando pela USP.

Arte

Arte no Brasil – 1950-2000
Autora: Cacilda Teixeira da Costa
ISBN: 85-98325-02-3 (100 págs.)

Um minidicionário ilustrado e colorido dos conceitos e movimentos que fazem a arte brasileira contemporânea. A obra ganhou boa projeção por conta de um especial exibido pela TV Cultura, realizado pela autora e pelo diretor Sérgio Zeigler.

A autora: Cacilda Teixeira da Costa é doutora pela Escola de Comunicações e Artes da USP e foi diretora técnica do Museu de Arte Moderna de São Paulo.

Wesley Duke Lee
Autora: Cacilda Teixeira da Costa
ISBN: 85-98325-10-4 (232 págs.)

Wesley Duke Lee é a primeira monografia compreensiva sobre a vida e a obra do artista. Escrito pela historiadora da arte Cacilda Teixeira da Costa a partir de ampla documentação, levantada durante mais de vinte anos de pesquisa, o livro traz uma análise detalhada da trajetória de Wesley Duke Lee, que enfrentou tabus como a relação da arte com a sexualidade, a política das artes e os desafios do artista que critica o crítico.

Literatura

Boaventura Cardoso
Organização: Rita Chaves, Tania Macedo e Inocência Mata
ISBN: 85-98325-15-5 (318 págs.)

Boaventura Cardoso é um dos escritores angolanos mais lidos na atualidade, sendo a sua obra traduzida em várias línguas. O livro surgiu da necessidade de despertar entre aqueles que têm seus primeiros contatos com o universo africano um interesse vivo por sua literatura. Acreditamos que Angola com seus escritores pode ser uma bela porta de entrada para o continente, pois, para além da afinidade lingüística, são fortíssimas as ligações que atravessaram séculos.

As organizadoras: Rita Chaves é professora e coordenadora de Literaturas Africanas de Língua Portuguesa na USP, onde dirige o Centro de Estudos Portugueses. Tania Macedo é professora nos cursos de graduação e pós-graduação da USP e da Unesp. Inocência Mata é doutora em Letras pela Universidade de Lisboa, onde leciona.

Estudos sobre as tragédias de Sêneca
Autora: Zélia de Almeida Cardoso
ISBN: 85-98325-14-7 (256 págs.)

Conselheiro do imperador Nero, Lúcio Aneu Sêneca foi uma das figuras intelectuais mais importantes do século I em Roma. Escreveu textos filosóficos e tragédias, objetos dessa análise, altamente elaboradas, com grande cuidado na caracterização dos personagens.

A autora: Zélia de Almeida Cardoso é licenciada em Letras Clássicas, Doutora em Letras e Livre-Docente de Literatura Latina pela Universidade de São Paulo, onde leciona desde 1972.

O Bruxo do Cosme Velho – Machado de Assis no Espelho
Organizadores: Márcia Moura Coelho e Marcos Fleury de Oliveira
ISBN: 85-98325-07-4 (160 págs.)

Especialistas em literatura e psicologia discutem o mais importante escritor brasileiro. O livro traz ainda um diálogo imaginário entre Machado de Assis e sua personagem mais conhecida, a enigmática Capitu, escrito por Flávio Aguiar e Ariclê Perez.

Os organizadores: Márcia Moura Coelho e Marcos Fleury de Oliveira integram a Sociedade Brasileira de Psicologia Analítica.

Turismo

Jacarta, Indonésia
Autor: Josué Maranhão
ISBN: 85-98325-12-0 (312 págs.)

Este livro narra as vivências do experiente jornalista Josué Maranhão e de sua família no país asiático que concentra a maior população muçulmana do mundo, desde o estranhamento inicial até a fuga diante do risco que as manifestações populares anti-Suharto representavam para os estrangeiros. Numa feliz combinação de elementos históricos, fatos pitorescos e observação perspicaz, o livro abre, com a leveza do texto dos bons repórteres, as portas desse país ainda misterioso.

O autor: Josué Maranhão é jornalista e advogado. Foi repórter, editor e redator-chefe de vários jornais dos *Diários Associados* no Nordeste, nas décadas de 1950 e 1960.

Filosofia

Coleção Situações

Imaginada como uma forma de intervenção cultural junto ao leitor, a coleção situações oferece breves ensaios sobre temas, personagens e questões contemporâneas.

Dividida em dois módulos, Situações e Situações S.I. – com textos que comentam a atual produção de som e imagem e seus criadores —, a série propõe uma ágil e original reflexão sobre os fatos do mundo.

Ciência do sonho
Autor : Marcelo Rezende
ISBN: 85-98325-18-X (58 págs.)

Um amor que não se esquece, a lembrança de momentos felizes escapando pela mágoa amorosa que todo fim de uma paixão traz. Assim é *Brilho eterno de uma mente sem lembranças*, premiado e cultuado filme realizado em 2004 pelo francês Michel Gondry. E quem é Gondry, responsável por tocar de maneira tão inesperada a sensibilidade do público? Este ensaio mostra como o diretor, uma fábrica de imagens, desde o início dos anos 1990 vem construindo na música, com marcantes e incontornáveis videoclipes que alteraram essa forma de entretenimento, uma obra que o coloca na posição de um dos grandes artistas deste novo século que se inicia.

O autor e organizador da coleção: O jornalista Marcelo Rezende (São Paulo, 1968) trabalhou como repórter dos cadernos *Mais!* e *Ilustrada* do jornal *Folha de S. Paulo*, foi correspondente em Paris para o diário *Gazeta Mercantil* e diretor de redação da revista *Cult*. É autor do romance *Arno Schmidt* (Planeta, 2005).

De volta aos anos 60
Autor: Pierre Bergounioux
ISBN: 85-98325-19-8 (58 págs.)

Este livro propõe uma nova leitura para o modo como o mundo se articula hoje: são os fatos da história recente que, estranhamente, se parecem (ou se convertem) em algo sem origem, quase mítico, fazendo de seu texto o balanço de uma miragem, a miragem de toda uma geração. Não é apenas Cuba ou o saudosismo revolucionário o assunto do escritor neste ensaio. Mais do que um balanço emotivo, seus textos mapeiam o desarranjo criado a partir das transformações decorrentes dos acontecimentos políticos, da modernidade tecnológica do século 20 e do ocaso do universo rural, que enfrenta a cada dia seu próprio desaparecimento.

O autor: Pierre Bergounioux é crítico, romancista e ensaísta, entre suas obras estão: *Un peu de bleu dans le paysage* (Verdier, 2001) e *Jusqu'à Faulkner* (Gallimard, 2002).

Sobre a felicidade
Autora: Renata Salecl
ISBN: 85-98325-17-1 (58 págs.)

Neste ensaio, que apresenta ao leitor brasileiro sua autora, Salecl faz uso do imenso arsenal disponível na história da cultura, da psicanálise à filosofia de Walter Benjamin, dos mais recentes estudos sobre a ansiedade e o consumo ao fenômeno dos livros de auto-ajuda, a fim de colocar o atual momento da história (e as rápidas e crescentes mudanças na ordem da economia, da tecnologia e da sociedade) em um imaginário divã. Após a leitura de *Sobre a felicidade*, será difícil continuar acreditando que a democracia representativa faz as pessoas livres, ou que a simples visita a um supermercado é um ato inocente.

A autora: A socióloga e filósofa eslovena Renata Salecl, pertencente ao grupo do filósofo Slavoj Zizek, estuda os fenômenos comportamentais no atual momento do capitalismo. Professora na London School of Economics e na University of Cambridge, na Inglaterra, ela é autora de *On Anxiety* (Routledge, 2004) e *Perversions of Love and Hate* (Verso, 2000).

ESTE LIVRO FOI IMPRESSO EM SÃO PAULO PELA GRÁFICA VIDA
& CONSCIÊNCIA NA PRIMAVERA DE 2005. NO TEXTO DA OBRA
FOI UTILIZADA A FONTE AGARAMOND, EM CORPO 10 COM
ENTRELINHA DE 14 PONTOS.